Beiträge zur europäischen Integration
aus der FHVR Berlin

Band 2

Susanne Weller-Monteiro Ferreira

Von der Festung Europa zur gestaltenden Einwanderungspolitik?

Zur aktuellen Entwicklung eines europäischen Politikfeldes

Fachhochschule für Verwaltung und Rechtspflege Berlin
- University of Applied Sciences -

Herstellung: Books on Demand GmbH, Norderstedt

Bezug durch den Buchhandel oder direkt durch:
Books on Demand GmbH, Gutenbergring 53, 22848 Norderstedt, www.bod.de

ISBN: 3-933633-98-2

„Immigration is neither a problem, nor a solution. It is a human, social, economic and political phenomenon and it is important that we should deal with it as such.
We need clear, coherent answers which are reached at the end of a wide-ranging and democratic debate and then put effectively into operation. This is true both at both the national and at the European level. Both dimensions must now be joined together in such a way that the one, European, brings to the other, the national, that which it needs. "

António Vitorino, Kommissar für
Justiz und Inneres der Europäischen
Kommission (Vitorino 2001)

Inhaltsverzeichnis

I   Einleitung

1.   Problemstellung und Vorgehensweise

Die Kooperation der Mitgliedstaaten im Bereich der Migrations- und Einwanderungspolitik auf europäischer Ebene hat in den letzten zwanzig Jahren insbesondere durch
die Schaffung des Binnenmarktes erheblich an Bedeutung gewonnen. Am aktivsten
ist sie in den Bereichen der Grenzregime, Visabestimmungen und Asylpolitik. Lange
Zeit dominierten restriktive Abschottungs- und Null-Zuwanderungspolitiken sowie
Aspekte der inneren Sicherheit die Debatte. Zuwanderung von außerhalb der EU galt
als alleinige Angelegenheit der Mitgliedstaaten und grundsätzlich unerwünscht. Ökonomische, demographische und globale Entwicklungen und der Stand der europäischen
Integration erfordern zunehmend eine Abstimmung von nationaler und europäischer
Einwanderungspolitik und ihre gemeinsame Steuerung und Gestaltung.

Die vorliegende Arbeit beschäftigt sich mit der inhaltlichen Ausrichtung, aktuellen
Entwicklungen und Tendenzen in diesem europäischen Politikfeld. Der enge zur
Verfügung stehende zeitliche Rahmen, der begrenzte Umfang der Arbeit und die
Komplexität von Migrationspolitik erfordern eine deutliche Eingrenzung des Themas:
Die Arbeit konzentriert sich daher auf drei zentrale Aspekte europäischer Zuwande-
rungspolitik: 1. Familienzusammenführung als ein Kernbereich legaler Zuwanderung
und wesentlicher Faktor für die Integration der Einwanderer; 2. die Behandlung von
Drittstaatsangehörigen als relevanter Einwandererpopulation - 1999: ca. 10 Mio.
legal innerhalb der EU lebende Personen aus Drittstaaten – (Groenendijk, Guild et
al. 2000), die durch Gemeinschaftsrecht von der Personenfreizügigkeit überwiegend
ausgeschlossen und in ihren Rechten schlechter gestellt sind als Unionsbürger; 3.
Arbeitsmarktzugang als Kernbereich gestaltender Einwanderungspolitik auf nationaler wie auf europäischer Ebene und maßgebliches Element für die gesellschaftliche
Integration von Zuwanderern. Weitere wichtige Bereiche europäischer Zuwanderungspolitik: die humanitäre Aufnahme und Asyl, Maßnahmen zur Integration und
Antidiskriminierungspolitik, Visapolitik und Steuerung der Migrationsströme, die
Bekämpfung illegaler Einwanderung, oder die Freizügigkeitspolitik der EU allgemein,
sind nicht Gegenstand dieser Arbeit, auch wenn Berührungspunkte und zuweilen
Überschneidungen mit den behandelten Schwerpunkten bestehen.

Bei der zeitlichen Eingrenzung setzt die Arbeit den Schwerpunkt auf die Entwicklungen nach Amsterdam, da mit dem Amsterdamer Vertrag wesentliche Bereiche der
Einwanderungspolitik vergemeinschaftet wurden. Vorherige Phasen der europäischen
Zusammenarbeit werden nur kurz skizziert. Aktuelle politische Entwicklungen sind
bis zum 31.12.2002 in der Arbeit berücksichtigt.

Europäische Einwanderungspolitik ist Mehrebenenpolitik und berührt traditionelle
Bereiche nationalstaatlicher Souveränität. Ein zweiter Schwerpunkt der Arbeit fragt

nach dem Zusammenhang zwischen europäischer und nationalen Zuwanderungspolitiken. Wie bedingen sie sich gegenseitig? Inwieweit findet eine Harmonisierung und eine Übertragung von nationalstaatlichen Kompetenzen auf die EU statt? Dazu sind als zentrale Analyseebene die Perspektive und Interessen der Mitgliedstaaten näher zu untersuchen. Nationale Zuwanderungspolitiken sind beeinflusst von den jeweiligen geographischen, historischen, kulturellen und ökonomischen Besonderheiten, der politischen Kultur, dem gesellschaftlichen Selbstverständnis, Arbeits-markterfordernissen, den staatlichen Strukturen etc. (Brochmann 1999a). Das führt zu unterschiedlichen Interessen und Vorgehensweisen in den Mitgliedstaaten.

Die Verfasserin geht dabei von folgender Hypothese aus: In der europäischen Einwanderungspolitik dominieren nach einer Übergangsphase der Liberalisierung und Öffnung in verschiedenen Bereichen erneut restriktive, abwehrende statt legale Zuwanderung gestaltende Elemente. Die Tendenz zu einer stärker koordinierten Einwanderungspolitik wird sich fortsetzen. Fortschritte der Harmonisierung werden vor allem im Bereich der Abwehrpolitiken erzielt werden. Trotz unterschiedlicher Interessen der Mitgliedstaaten findet eine vorwegnehmende Angleichung der nationalen Zuwanderungspolitiken statt. Sie orientiert sich an der Vorgehensweise der restriktivsten Staaten, um nicht durch liberalere Regelungen zum Anziehungspunkt unerwünschter Zuwanderung zu werden. Hinsichtlich einer aktiven Einwanderungspolitik stößt eine Harmonisierung auf europäischer Ebene auch zukünftig auf Vorbehalte der Mitgliedstaaten, die europäischen Regelungen nur bei Einräumung erheblicher nationaler Abweichungsspielräume zustimmen werden. Hier ist eine Verhaltensangleichung der Mitgliedstaaten vor rechtlicher Harmonisierung wahrscheinlich.

1.1. Deutschland und Spanien als Beispiele

Für die Überprüfung dieser These auf Ebene der Mitgliedstaaten ist eine vergleichende Betrachtung von Staaten hilfreich, die in den Einflussfaktoren auf nationale Zuwanderungspolitik deutliche Unterschiede aufweisen und die gegenwärtige Debatte auf europäischer Ebene durch eigene Initiativen und Politikgestaltung beeinflussen. Als Beispiele wurden daher Deutschland und Spanien gewählt.

Deutschland als größter Mitgliedstaat ist eines der Haupteinwanderungsländer der EU mit beträchtlicher und jahrzehntelanger Zuwanderung. Mit Mittellage in Europa ist Deutschland seit Ende der achtziger Jahre wieder Drehscheibe für Ost-West-Migrationen. In den letzten Jahren hat in Deutschland eine intensive Diskussion um Steuerung und Gestaltung von Zuwanderung stattgefunden, mit erheblicher Beachtung auf europäischer Ebene. Spanien war lange Zeit vor allem Auswanderungsland, hat eine junge Einwanderungsgeschichte und eine bisher vergleichsweise geringe Einwanderung. Seine Lage an den südlichen Außengrenzen der EU und geographische Nähe zu Nordafrika als Region mit hoher Auswanderungsbereitschaft und Transitraum für Süd-Nord-Migrationen (Santel 2001) bestimmen die Zuwanderungsdiskussion.

Während seiner EU-Präsidentschaft im Jahr 2002 hat Spanien einen Schwerpunkt auf die Migrationspolitik gelegt. Beide Länder sind Mitgliedstaaten mit starken regionalen Einflüssen auf die nationale Politik; Spaniens autochthone Bevölkerung weist eine größere kulturelle und sprachliche Vielfalt auf als die deutsche.

Die vorliegende Arbeit stützt sich, neben verfügbarer Literatur, im Wesentlichen auf die Richtlinienentwürfe, Mitteilungen und Stellungnahmen der Europäischen Kommission und relevanter Akteure auf europäischer Ebene, ebenso wie auf die einschlägigen Gesetze / Gesetzentwürfe, Positionen, Stellungnahmen, Berichte von Regierungen und relevanten Akteuren auf nationaler Ebene. In den Bereichen der Familienzusammenführung, Behandlung von Drittstaatsangehörigen und Arbeitsmarktzugang standen der Verfasserin zum Teil die nicht öffentlich zugänglichen Verhandlungsprotokolle der Rats-Arbeitsgruppe „Migration und Rückführung" und des „Strategischen Ausschusses für Einwanderungs-, Grenz- und Asylfragen" (jeweils bestehend aus Vertreter/innen aller Mitgliedstaaten und der Europäischen Kommission) zur Verfügung, die Aufschluss über Verhandlungspositionen einzelner Mitgliedstaaten geben.

2.   Einige Definitionen

Einige der im Rahmen dieser Arbeit verwendeten Schlüsselbegriffe werden im Folgenden näher definiert. *Einwanderung / Immigration und Auswanderung / Emigration* bezeichnen Bevölkerungsbewegungen über nationale Grenzen hinweg. Individuen, die in ein Land einwandern / immigrieren und sich dort länger als drei Monate aufhalten, sind *Einwanderer / Immigranten* aus Sicht des Aufnahmelandes und gleichzeitig *Emigranten / Auswanderer* aus Sicht des Herkunftslandes (Brochmann 1999b). Immigranten und Emigranten können Staatsbürger oder Nichtstaatsbürger (Ausländer) sein; Immigration bezeichnet temporäre wie auch Einwanderung auf Dauer. Im deutschen Sprachgebrauch wird Immigration auch als *Zuwanderung* bezeichnet, insbesondere wenn der vorübergehende Charakter der Immigration betont, die Nachhaltigkeit von Immigrationsprozessen offen gelassen wird, oder in Zusammenhängen in denen dauerhafte Einwanderungsprozesse nicht intendiert sind. Eine trennscharfe Abgrenzung zum Begriff der Einwanderung besteht nicht. Die vorliegende Arbeit geht von der international geläufigen, temporäre und dauerhafte Einwanderung einschließenden Definition des Immigrationsbegriffes aus und verwendet den Begriff der Zuwanderung synonym. Immigration kann *legal / regulär* mit offizieller Erlaubnis des Aufnahmelandes geschehen oder *illegal / irregulär* sein, wenn einige oder alle Voraussetzungen für einen *legalen / regulären* Aufenthalt fehlen. Die Verfasserin verwendet hier vorzugsweise den im Sprachgebrauch der Vereinten Nationen üblichen Begriff der *irregulären* Einwanderung (Nuscheler 2002), der die uneingeschränkte Definitionsmacht der Einwanderungsländer über die Legalität von Einwanderern sowie unterschiedliche Formen irregulärer Immigration berücksichtigt und einer generellen Konnotation von *Illegalität* mit Kriminalität vorbeugt.

Als *Drittstaatsangehörige* werden alle Personen bezeichnet, die nicht Staatsbürger eines Mitgliedstaates der Europäischen Union und des Europäischen Wirtschaftsraums sind. Wenn eine weitere Differenzierung nicht erforderlich ist, werden für Drittstaatsangehörige und Zuwanderer aus EU-Ländern die allgemeinen Bezeichnungen *Einwanderer, Zuwanderer oder Migranten* verwendet.

Einwanderungs- und Zuwanderungspolitik wird aus den ausgeführten Gründen ebenfalls synonym gebraucht. Unter *gestaltender Einwanderungspolitik* werden Maßnahmen zur Schaffung und Ausgestaltung von Möglichkeiten legaler / regulärer Einwanderung verstanden, die dem Zuwanderungsbedarf der Mitgliedstaaten und den Belangen und der Integration der Zuwanderer Rechnung tragen. Der Begriff der *Migrationspolitik* wird in seiner verwendeten Form weiter gefasst; er beinhaltet z. B. auch von der EU intendierte Maßnahmen zur Steuerung der Migrationsströme und der Entwicklungszusammenarbeit.

Die *Festung Europa* steht als Metapher für eine Politik der Abschottung der europäischen Außengrenzen gegenüber Zuwanderung aus Drittstaaten, wie sie seit Errichtung des Binnenmarktes verstärkt praktiziert wurde. Eine hermetische Abschottung Europas und uneingeschränkte Kontrolle der Einwanderung hat real zu keinem Zeitpunkt stattgefunden (Bade 2001).

3. Aufbau der Arbeit

Die Arbeit gliedert sich in vier Teile. In den beiden Hauptkapiteln (Kapitel II und III) stehen die Einwanderungspolitik auf europäischer Ebene und in den Mitgliedstaaten im Mittelpunkt. Diese werden unter Einbeziehung der zentralen Rahmenbedingungen und Herausforderungen in ihrer jeweiligen inhaltlichen Entwicklung untersucht und zur Verdeutlichung der politischen Prozesse in der Chronologie der für sie bedeutsamen Ereignisse und Maßnahmen, Verträge und Rechtsetzungsinitiativen nachgezeichnet. Beide Dimensionen der Bearbeitung finden sich entsprechend in den Überschriften der einzelnen Abschnitte dieser Kapitel wieder.

Ausgehend von den gesellschaftlichen, ökonomischen und politischen Rahmenbedingungen für eine europäische Einwanderungspolitik werden in Kapitel II zunächst die historische Entwicklung und Motivation europäischer Zusammenarbeit im Migrationsbereich in ihrer politischen Ausrichtung skizziert. Anschließend werden die neueren Ansätze und Initiativen im Bereich der europäischen Einwanderungspolitik unter Einbeziehung ihrer weiteren inhaltlichen Entwicklung im Verlaufe der Ratsverhandlungen sowie des derzeitigen Verhandlungsstandes dargestellt. Der Verhandlungsstand wird in den aktuellen europapolitischen Kontext eingeordnet und in seiner Tendenz bewertet.

Kapitel III behandelt die Perspektive und Interessen der Mitgliedstaaten in der europäischen Einwanderungspolitik am Beispiel Deutschlands und Spaniens. Dazu werden zunächst Einflussfaktoren und Kriterien nationaler Migrationspolitik vorgestellt, anhand derer die jeweiligen Einwanderungspolitiken und ihre Entwicklungen beschrieben und vor deren Hintergrund die Haltung und Positionen der beiden Mitgliedstaaten in den Verhandlungen auf europäischer Ebene verdeutlicht werden. Im Rahmen einer vergleichenden Analyse der Politiken der beiden Staaten werden Unterschiede und Gemeinsamkeiten ihrer Interessen und Herangehensweisen und deren Einfluss auf die Verhandlungen zur europäischen Einwanderungspolitik herausgearbeitet und bewertet.

Kapitel IV unterzieht die Entwicklung europäischer Einwanderungspolitik einer näheren Betrachtung im Lichte des europäischen Einigungsprozesses. Unter Berücksichtigung ihrer integrationspolitischen Dimension sowie nationaler Souveränitätsansprüche der Mitgliedstaaten wird auf der Basis der Ergebnisse der vorangegangenen Kapitel die Wechselwirkung zwischen mitgliedstaatlichem Handeln und der europäischen Ebene in diesem Bereich analysiert und bewertet. Aktuelle Tendenzen werden aufgezeigt.

Kapitel V zieht ein abschließendes Resümee aus den im Vorangegangenen aufgezeigten Entwicklungen im Bereich der Einwanderungspolitik auf europäischer Ebene und in den beiden Mitgliedstaaten und nimmt schlussfolgernd eine Einschätzung zukünftiger Entwicklungen der jeweiligen Politiken vor. Dabei werden auch Anforderungen an den Gestaltungsprozess zukünftiger Einwanderungspolitik reflektiert.

II Europäische Einwanderungspolitik

1. Gesellschaftliche, ökonomische und politische Rahmenbedingungen und Herausforderungen

Die Europäische Union zählt weltweit zu den bevorzugten Einwanderungsregionen. De facto sind alle Mitgliedstaaten inzwischen zu Einwanderungsländern geworden, auch wenn sie in unterschiedlicher Weise von Wanderungsbewegungen betroffen sind (Märker 2001). Drei Entwicklungen sind hierbei kennzeichnend:

Erstens: Der Umfang der ausländischen Bevölkerung nimmt sowohl in absoluten Zahlen wie auch in Anteilen an der Gesamtbevölkerung von insgesamt knapp 375 Millionen zu. Von 1988 bis 1998 stieg die Zahl der in der EU lebenden Immigranten um 36% auf 19 Millionen Menschen von denen 13 Millionen aus Herkunftsländern außerhalb der EU zugewandert waren (Niessen 2001; Angenendt 2002a). Länder mit ehemals niedrigem Ausländeranteil wie Finnland, Spanien, Italien oder Dänemark verzeichneten eine Verdopplung oder einen darüber hinaus gehenden Anstieg. In den Ländern mit bis dahin hoher Zuwanderung wie Belgien, Frankreich, Deutschland oder den Niederlanden stiegen die Zahlen in kleinerem Maße. Die Zunahme basiert in den letzten Jahren auf der demographischen Entwicklung der ausländischen Bevölkerung, da seit 1992 eine Stabilisierung des Umfangs der Neueinwanderungen oder sogar ein Rückgang stattgefunden hat. Einerseits ist die Zahl der Asylbewerber seit der Verschärfung der Asylgesetze in den meisten EU-Ländern zurückgegangen, andererseits haben Familiennachzug und die Einwanderung von temporären Einwanderern, insbesondere von hoch qualifizierten Migranten und Saisonarbeitern, zugenommen (Angenendt 2002a: 544). Die Länder mit der größten ausländischen Bevölkerung sind derzeit Deutschland mit 7,3 Millionen, Frankreich mit 3,6 Millionen und Großbritannien mit 2,2 Millionen Ausländern. Allerdings sagen die Ausländerzahlen aufgrund von erheblichen Unterschieden in der Einbürgerungspraxis im internationalen Vergleich nur wenig über tatsächliche Einwanderungsprozesse aus (Bade 2001).

Zweitens: Der Aufenthalt der Einwanderer verstetigt sich durch dauerhafte Niederlassung der ehemals temporär angeworbenen Arbeitskräfte und Nachzug ihrer Familien, durch Aufnahme von Einwanderern aus ehemaligen Kolonialgebieten und ethnischen Volkszugehörigen, sowie durch Duldung von abgelehnten Asylbewerbern und anderen Flüchtlingen. Ein dritter Trend ist die Diversifizierung der zugewanderten Nationalitäten und eine Veränderung der geographischen Wanderungsmuster. (Angenendt 2002a). Dennoch ist Europa trotz überwiegend positiver Wanderungssaldi der Mitgliedstaaten noch kein Einwanderungskontinent: Ausländische Staatsbürger machen weniger als fünf Prozent der Gesamtbevölkerung und alle im Ausland geborenen Personen nicht mehr als zehn Prozent aus (Angenendt 1997b). Von 1990 bis 1998 betrug die Netto-Wanderungsrate in der EU 2,2 Prozent im Vergleich zu 3 Prozent in den USA und 6 Prozent in Kanada (Vitorino 2001).

Für die Entwicklung der Einwanderung in die Europäische Union sind einerseits

Süd-Nord-Wanderungen aus der sogenannten Dritten Welt, insbesondere Wanderungspotentiale in Nordafrika, und seit dem Fall des Eisernen Vorhanges verstärkt Ost-West-Migrationen aus Osteuropa, der Balkanregion und den GUS-Staaten relevant, aufgrund des großen Wirtschaftsgefälles zur EU, den Kriegen im ehemaligen Jugoslawien und schwelenden Minderheitenkonflikten. Neue Wanderungsbewegungen bilden außerdem Transitwanderer aus Afrika, Asien und dem Nahen und Mittleren Osten, die eine Einreise in diese Länder als Ausgangspunkt für eine Weiterwanderung in die EU und andere westliche Staaten nutzen (Angenendt 2002a; Nuscheler 2002). Dabei ist von einer Fortsetzung dieser Wanderungstrends auszugehen und wegen der mit der EU-Osterweiterung verbundenen Ausweitung der Freizügigkeit für Güter, Kapital und Personen auch mit einer Zunahme temporärer Arbeitsmigration und Pendelmigration aus den Beitrittsländern in die heutigen EU-Staaten. Die Beitrittsländer selbst werden sich aufgrund der dort stattfindenden Transformationsprozesse mittelfristig ebenfalls von Auswanderungs- und Transit- zu Einwanderungsländern entwickeln (Angenendt 2002a).

Die Migrationsgründe der Einwanderer sind komplex, jedoch lassen sich vor allem vier Zuwanderungstypen unterscheiden: Flüchtlinge und Vertriebene, Familiennachzug, privilegierte Migrationsbeziehungen und internationale und globale Arbeitsmigration (Bade 2001). Dabei spielt der Nachzug zu Familienangehörigen zu bereits legal in der EU lebenden Drittstaatsangehörigen quantitativ die größte Rolle. Die Arbeitsmigration gewinnt nach jahrzehntelangem generellen Anwerbestopp wieder an Bedeutung (Märker 2001). Restriktive Zuwanderungspolitiken und fehlende legale Zugänge haben zudem zu einem Anstieg irregulärer Einwanderung geführt: nach Schätzungen der Internationalen Organisation für Migration (IOM) wandern etwa 500.000 Menschen jährlich irregulär in die Europäische Union ein (Märker 2001; Vitorino 2001).

Die Bevölkerungsentwicklung in nahezu allen EU-Staaten ist gekennzeichnet von deutlichen Alterungs- und Schrumpfungsprozessen. Während die Lebenserwartung zunimmt, sinkt die Zahl der Geburten. Der zu erwartende Rückgang der Bevölkerung wird sich nachteilig auf die Arbeitsmärkte und sozialen Sicherungssysteme auswirken und die Innovationskraft von Wirtschaft und Gesellschaft erheblich beeinträchtigen (Angenendt 2002b). Nach 2010 ist im Westen Europas mit einem deutlichen Arbeitskräfterückgang zu rechnen und ähnliche Entwicklungen sind auch für die osteuropäischen Staaten zu erwarten (Fassmann und Münz 2002). Die Mitgliedstaaten verzeichnen schon jetzt trotz hoher Arbeitslosigkeit von durchschnittlich 7,7 Prozent (Kommission 2002d) sowohl sektorale wie auch regionale Arbeitsmarktengpässe und einen Bedarf an hochqualifizierten, angelernten und unqualifizierten Arbeitnehmern z.B. in neuen Technologien, im Gesundheitsbereich, in der Landwirtschaft und im Dienstleistungsbereich. Zuwanderung aus Drittstaaten wird benötigt, um diese Entwicklungen, wenn auch nicht zu verhindern, so doch abzumildern (Vitorino 2001; Niessen 2002). Einige Mitgliedstaaten werben bereits aktiv qualifizierte Arbeitskräfte von außerhalb der EU an.

Für die internationale Wettbewerbsfähigkeit der Union und den Standort Europa ist außerdem von Nachteil, dass der europäische Arbeitsmarkt mit der Globalisierung der Märkte bislang nicht Schritt gehalten hat. Er besteht vielmehr aus national segmentierten, relativ rigiden Teilarbeitsmärkten, die nur sehr begrenzt durchlässig sind (Straubhaar 1994: 195). Trotz Verwirklichung der Freizügigkeit ist die geographische und berufliche Binnen-Mobilität der EU-Arbeitskräfte – nur zwei Prozent arbeiten in einem anderen Mitgliedstaat – gering (Kommission 2001b). Es war erklärter Wille des Europäischen Rates 2001 in Stockholm, eine höhere Mobilität auf dem EU-Arbeitsmarkt zu fördern. Die dazu eingesetzte Hochrangige Task Force Qualifikation und Mobilität kommt in ihrem Endbericht zu dem Ergebnis, „(...)dass der Zuzug von Drittstaatsangehörigen einen erheblichen Beitrag zur Förderung der geographischen Mobilität leisten und die EU-Arbeitsmärkte in die Lage versetzen kann, sich schneller anzupassen", und bemängelt das Fehlen einer gemeinsamen Einwanderungspolitik (Hochrangige Taskforce für Qualifikation und Mobilität 2001: 18–19). Nicht zuletzt gewinnt der Import von Qualifikation und Wissen und die Stärkung des internationalen Austauschs für das Ziel eines wettbewerbsfähigen, dynamischen und wissensbasierten Wirtschaftsraumes Europa (Europäischer Rat 2000) zunehmend an Bedeutung. Die OECD kam in einer 2000 veröffentlichen Studie über die wirtschaftlichen Auswirkungen von Einwanderung zu dem Ergebnis, dass hohe Zuwanderung wirtschaftlich deutliche Vorteile für die Einwanderungsländer erbringe (Schütte 2000).

Die dargestellten Entwicklungen zeigen, dass in Europa umfangreiche und dauerhafte Einwanderung stattgefunden hat und auch zukünftig stattfinden und benötigt werden wird. Die Wahrnehmung in den einzelnen EU-Ländern stimmt jedoch noch wenig mit den Einwanderungsrealitäten überein. Wie Migrationsexperten betonen, Wahlerfolge rechtspopulistischer Parteien und eine steigende Zahl xenophober Übergriffe auf Migranten bestätigen, bestimmen Ängste vor Massenzuwanderung und Überfremdung und kollektive Abwehrhaltungen zumeist die Debatte (Bade 2001; Nuscheler 2002), bergen Zuwanderungsfragen ein hohes Maß an sozialer Brisanz. Eine zentrale politische Herausforderung stellen daher die Versachlichung der Diskussion und die Vermittlung der positiven Effekte von Zuwanderung und Mobilität für die europäischen Gesellschaften dar. Es besteht die Notwendigkeit, umfassende Konzepte zur politisch verantwortlichen Gestaltung von Zuwanderung zu entwickeln, die über kurzfristige Bedarfsorientierung hinausreichen. Sie müssen den Zuwanderungsbedarf der EU-Staaten und ihrer Regionen einbeziehen, die berechtigten Belange und schutzwürdigen Interessen der Einwanderer berücksichtigen und der Fähigkeit der Mitgliedstaaten zur Integration von Zuwanderern mit Blick auf Akzeptanz, Leistungsfähigkeit der Sozialsysteme und Wirtschaftskraft Rechnung tragen (Gusy 1994). Dazu gehören die Bekämpfung von Menschenhandel und Schleuserkriminalität ebenso wie transparente Migrationsregime mit angemessenen Chancen für legale, befristete oder unbefristete Einwanderung. Denn bei gleichbleibendem Migrationsdruck führt die konsequente Verengung der legalen Zuwanderungsmöglichkeiten zu einem Ausweichen auf illegale Wege (Bade 2001; Märker 2001).

Europäische Einwanderungspolitik liegt daher nicht ausschließlich im Verantwortungsbereich von Justiz und Inneres sondern betrifft ebenso Handel und Industrie, Beschäftigung, Bildung und Soziales (Niessen 2001). Sie ist den Grund- und Menschenrechten und dem Gleichbehandlungsgrundsatz verpflichtet.

2. Von Maastricht nach Amsterdam

Seit der Gründung der EWG war die migrationspolitische Zusammenarbeit wichtiges Element des europäischen Integrationsprozesses. Sie bezog sich jedoch ausschließlich auf die interne Freizügigkeit und Binnenmigration von EG-Arbeitnehmern und -Selbständigen, die später auch auf nicht Erwerbstätige erweitert wurde. Erst in den 70er Jahren begannen die EG-Staaten, ihre Zusammenarbeit auch auf Einwanderungen aus Drittstaaten auszudehnen, und übertrugen 1976 der Kommission die Koordinierung der entsprechenden Politiken der Mitgliedstaaten (Angenendt 2002a).

Eine vertiefte Kooperation entstand vor allem im Zuge der Realisierung des Binnenmarktes und des Schengener Abkommens. Mit der Einheitlichen Europäischen Akte wurde 1987 die Grundlage für den Europäischen Binnenmarkt gelegt. Eines ihrer Kernstücke war die gemeinsame Regelung der Einreise und des Aufenthaltes von Drittstaatsangehörigen und die Kontrolle der Außengrenzen, wobei die Mitgliedstaaten „gleichwohl deutlich machten, dass sie keinesfalls auf ihr Recht verzichten würden, die Einwanderung aus Drittstaaten zu kontrollieren" (Angenendt 2002a: 547). Streitig war vor allem die Interpretation des neuen Artikels 8a (später Art. 7a, jetzt Art. 14) EGV zur Frage, wer von der Personenfreizügigkeit ohne interne Grenzkontrollen erfasst werden sollte, da einige Staaten (insbesondere das Vereinigte Königreich und Dänemark) diese ausschließlich auf EG-Bürger beschränkt sahen. (Brochmann 1999b). Der Dissens führte außerhalb des EG-Rahmens 1985 im Sinne eines „Europas der zwei Geschwindigkeiten" zum Abschluss des Schengener Abkommens durch die Benelux-Staaten, Deutschland und Frankreich. Es wurde 1990 ergänzt durch das Schengener Durchführungsübereinkommen, dem heute alle Mitgliedstaaten, mit Ausnahme des Vereinigten Königreiches und Irland, außerdem Norwegen und Island angehören. Ziel der intergouvernementalen Zusammenarbeit war der Abbau der Personenkontrollen an den Binnengrenzen, der durch verstärkte gemeinsame Außengrenzregime, Visumspflicht für 130 Drittstaaten, Sanktionen gegen Transportunternehmen, die Passagiere ohne ausreichende Reisedokumente befördern, und die Einführung eines Informationssystems, das den EU-weiten Datenaustausch bei Fahndungen und Asylverfahren garantiert, sowie einer Zuständigkeitsverteilung für Asylbewerber, kompensiert wurde (Beyert und Burrack 1999). Durch das Schengen-System wurde Migration vor allem zur Sicherheitsfrage (Brochmann 1999a: 310), auch wenn es legal in die Schengenzone eingereisten Drittstaatsangehörigen Reisefreiheit innerhalb derselben brachte. Vor dem Hintergrund der Ende der 80er Jahre stark steigenden Zuwanderungen von Flüchtlingen und Migranten und ohne den Druck großen Arbeitskräftemangels reagierten die Mitgliedstaaten mit Restriktionen der Arbeitszuwanderung und des Familiennachzugs, der strengeren Auslegung der

Genfer Flüchtlingskonvention, einer gemeinsamen Zielsetzung zur Bekämpfung illegaler Einwanderung und des Menschenhandels und der kategorischen Erklärung, keine Einwanderungsländer zu sein [Niessen 2001]. Das Bild der „Festung Europas" nahm Gestalt an. Gleichzeitig wurde die EU-interne Migration mit Ausdehnung der Freizügigkeitsrechte für Unionsbürger zur „internen Mobilität" und verschwand damit von der Agenda europäischer Einwanderungspolitik (Niessen 2001: 420).

Mit dem Vertrag von Maastricht wurden 1993 unter dem Dach der neugeschaffenen Europäischen Union alle europapolitisch relevanten Bereiche in einem Drei-Säulen-Modell zusammengefasst. Bis auf die Bestimmung der visapflichtigen Drittstaaten und die einheitliche Visagestaltung, die unter die erste Säule der „vergemeinschafteten EG-Bereiche" fielen und damit gemeinschaftlichen Entscheidungsverfahren unterlagen, wurden Asyl- und Migrationspolitik als „Angelegenheiten von gemeinsamem Interesse" einer neu geschaffenen dritten Säule zwischenstaatlicher Zusammenarbeit auf den Gebieten des Rechts und der inneren Sicherheit zugeordnet. (Wasser 1999; Märker 2001; Angenendt 2002a). Damit fand Zuwanderungspolitik zwar erstmals Eingang in den rechtlichen und institutionellen Rahmen der EU, aber sie blieb vor allem Gegenstand zwischenstaatlicher Kooperation, deren Umfang ins Belieben der Mitgliedstaaten gestellt war, die Regierungen lediglich zu Absprachen und Konsultationen verpflichtete und keine unmittelbare Zuständigkeit der EU-Institutionen begründete (Angenendt 2002a: 548). Es entwickelte sich dennoch eine rege Zusammenarbeit der Mitgliedstaaten auf Arbeitsebene hoher Beamter, unter weitestgehendem Ausschluss der nationalen Parlamente und der Öffentlichkeit der Mitgliedstaaten. Ihr Schwerpunkt lag in der Abwehr unerwünschter Einwanderung (Groenendijk 1999).

Ergebnisse der Zusammenarbeit im Rahmen der „dritten Säule" waren eine Vielzahl von unverbindlichen Entschließungen und Empfehlungen, sogenanntes „soft law". Sie stellten zwar keine verbindlichen Vorschriften aber wichtige Richtpunkte für eine umfassende gemeinsame Ausländerpolitik dar (Feldgen 1999), auf deren Grundlage die EU-Kommission im Vorgriff auf den Amsterdamer Vertrag 1997 einen Vorschlag für ein verbindliches Drittstaaterübereinkommen vorschlug (Kommission 1997). Allerdings machte zunehmende Kritik an der mangelnden Effizienz der zwischenstaatlichen Zusammenarbeit und ihrem aufgrund fehlender Kontrollrechte des Europäischen Parlaments, der nationalen Parlamente und des Europäischen Gerichtshof bestehenden Demokratiedefizit erneuten Reformbedarf deutlich (Beyert und Burrack 1999). Mit dem Amsterdamer Vertrag von 1997 bekräftigten die Mitgliedstaaten eine langfristige Europäisierung der Zuwanderungspolitik (Märker 2001).

3.   Von Amsterdam nach Sevilla

3.1 Der Vertrag von Amsterdam

Zunehmende Durchlässigkeit der Grenzen, die unterschiedliche Betroffenheit der EU-Staaten von Migrationsbewegungen, und der Wunsch nach stärkerer Harmonisierung der Justiz- und Innenpolitik (Angenendt 2002a) führten mit dem 1999 in Kraft getretenen Amsterdamer Vertrag zu einer Vergemeinschaftung der Asyl- und Migrationspolitik (einschließlich der Außengrenzenkontrolle) durch Überführung in die erste Säule des EU-Vertrages. Damit unterliegt Einwanderungspolitik grundsätzlich den allgemeinen Rechtsetzungsregelungen der EG, und den Mitgliedstaaten kann nunmehr verbindliches europäisches Recht in Form von Richtlinien und Verordnungen vorgegeben werden. Der neu eingefügte Titel IV „Visa, Asyl, Einwanderung und andere Politiken betreffend den Freien Personenverkehr" mit den Artikeln 61 bis 69 EGV zum „schrittweisen Aufbau eines Raums der Freiheit, der Sicherheit und des Rechts" (Läufer 1998) schreibt vor, dass innerhalb von fünf Jahren gemeinsame Normen und Verfahren für die Personenkontrolle an den Außengrenzen der EU, einheitliche Regelungen für die Erteilung von kurzfristigen Visa, für die Bestimmung des bei Asylbegehren zuständigen Staates, Mindestnormen im Flüchtlingsbereich und zur Bekämpfung der illegalen Einwanderung und des illegalen Aufenthaltes sowie zur Rückführung Ausreisepflichtiger entwickelt werden müssen (Angenendt 2002a: 549). Der sogenannte Schengen-Besitzstand über den freien Grenzverkehr wird in den EU-Rahmen einbezogen (Läufer 1998).

Weitere Themen, zu denen gemeinsame Regelungen getroffen werden sollen, sind im Bereich der Einwanderungspolitik: die Einreise- und Aufenthaltsvoraussetzungen von Drittstaatsangehörigen, Verfahren zur Erteilung von Visa für einen langfristigen Aufenthalt einschließlich Familienzusammenführung sowie Regelungen für die Freizügigkeit von Drittstaatsangehörigen. Diese sind jedoch nach Art. 63 EGV ausdrücklich von der Fünfjahresfrist und damit von jedem zeitlichen Realisierungsdruck ausgenommen.

Während des Fünfjahreszeitraums beschließt der Rat gem. Art. 68 EGV außerdem weiterhin einstimmig auf Vorschlag der Kommission oder auf Initiative eines Mitgliedstaates. Nach dem 1. Mai 2004 wird jedoch die Kommission das alleinige Initiativrecht erhalten, und der Rat soll ein letztes Mal einstimmig über den zukünftigen Übergang zu Mehrheitsentscheidungen und zur Anwendung des Mitentscheidungsverfahrens nach Art. 251 EGV beschließen. In der fünfjährigen Übergangzeit ist der Ministerrat zur Anhörung des Europäischen Parlamentes verpflichtet, hingegen an dessen Position nicht gebunden (Niessen 2002). Art. 68 EGV stärkt aber durch eindeutige Festlegung der Vorabentscheidungskompetenz bei der Auslegung des Titels IV die Rechtsstellung des Europäischen Gerichtshofs. Drei Mitgliedstaaten (Dänemark, Großbritannien und Irland) haben sich durch entsprechende Protokolle im Anhang des Vertrages (Läufer 1998) das Recht vorbehalten, sich nicht an der neuen Politik im Rahmen von Titel IV zu beteiligen und sich rechtlich nicht an die Maßnahmen zu binden (Stay-out-/Opt-in-Klausel) (Groenendijk 1999). Darüber hinaus sieht eine Klausel in Art. 63 EGV vor, dass Maßnahmen, die vom Rat zu einwanderungspolitischen Fragen und zur Stellung von Drittstaatsangehörigen beschlossen worden sind, die Mitgliedstaaten nicht hindern sollen, in den betreffenden Bereichen innerstaatliche Bestimmungen „beizubehalten oder einzuführen".

Die Umsetzung des Amsterdamer Vertrages war und ist mit rechtlichen und organisatorischen Problemen verbunden. Besonders die Übernahme des Schengen-Besitzstandes, die Umsetzung des bereits erwähnten Informationssystems, aber auch die Anpassung der Arbeitsstrukturen von Rat und Kommission zogen sich in die Länge. Erst kurz vor Inkrafttreten des Vertrages am 1. Mai 1999 einigten sich die Regierungen auf den Ausschuss der Ständigen Vertreter als entscheidende Koordinierungsinstanz unterhalb der Ratsebene, und in der Kommission wurde entsprechend der neuen Aufgaben erst im September 1999 eine neue Generaldirektion für Justiz und Inneres gebildet (Angenendt 2002a).

3.2 Der Wiener Aktionsplan

Ein weiteres Problem stellte die unklare Zieldefinition hinsichtlich der „Schaffung eines Raumes der Freiheit, der Sicherheit und des Rechts" und eine fehlende Konkretisierung der hierfür erforderlichen Maßnahmen dar (Angenendt 2002a). Ein noch vor Inkrafttreten des Vertrages vom Europäischen Rat zusammen mit der Kommission im Dezember 1998 angenommener Aktionsplan (Rat (Justiz und Inneres) und Kommission 1998) sollte Abhilfe schaffen. Ihm ging ein „Strategiepapier zur Migrations- und Asylpolitik" der österreichischen EU-Präsidentschaft vom Sommer 1998 voraus, das für diese Bereiche langfristige und eindeutige Ziele formulierte: Reduzierung des Migrationsdrucks in den Herkunftsländern, Reduzierung der irregulären Migration und Schleppereibekämpfung, Zuwanderungssteuerung und ein „Gesamtkonzept der rechtlichen Einreisekontrolle, das auf allen Etappen der Personenbewegung ansetzt, bei der Visa-Erteilung im Ausreiseland, durch Kontrolle der Beförderungsunternehmen, durch die Umsetzung des EU-Besitzstandes in den Transitstaaten, durch Kontrolle an den Außengrenzen, durch „Sicherheitsschleier" an den Binnengrenzen und letztlich durch rasche Asyl- und Fremdenrechtsverfahren im Zielland (Groenendijk 1999: 561).

Der Wiener Aktionsplan vom 3. Dezember 1998 stellte zum „Raum der Freiheit" fest, dass dessen Bedeutung über die Schaffung des freien Personenverkehrs hinausgehe und die Möglichkeit beinhalte, in einem Rechtsraum zu leben, in dem die Gesamtheit der Grundfreiheiten gewährt werde, einschließlich des Schutzes vor jedweder Diskriminierung. Einwanderungs- und Asylpolitik sollen als unterschiedliche Bereiche betrachtet werden. Es soll eine „umfassende Migrationsstrategie" entwickelt werden. Als vordringliche Aufgabe wird die Bekämpfung der illegalen Einwanderung benannt. Außerdem sei die Integration von Drittstaatsangehörigen sowie die Sicherung ihrer

Rechte essentiell Rat (Justiz und Inneres) und Kommission 1998: Ziff. 6 und 8). Der Aktionsplan enthielt einen Maßnahmenkatalog mit genauem Zeitplan. Für den Bereich der Einwanderung wurden zur Umsetzung innerhalb von zwei Jahren Maßnahmen zur Vereinheitlichung der Visaerteilung und -gestaltung, ein Instrument über die Rechtsstellung legaler Zuwanderer und die Einrichtung einer Task Force Asyl und Migration beschlossen, die die Herkunftsländer einer „säulenübergreifenden" Bewertung unterzieht und auf dieser Grundlage konkrete Vorschläge für Maßnahmen zur Steuerung oder Eindämmung der Migrationsströme aus diesen Ländern unterbreitet. Eine Fünfjahresfrist wurde für die Erarbeitung gemeinsamer Einwanderungs- und Aufenthaltsvoraussetzungen zur Familienzusammenführung und die Freizügigkeit von Drittstaatsangehörigen vorgesehen (Groenendijk 1999: 565). Die konkrete Schwerpunktsetzung des Wiener Aktionsplans war trotz seiner allgemeinen Ausführungen zum „Raum der Freiheit, der Sicherheit und des Rechts" restriktiv und blieb vor allem hinsichtlich der Rechtsstellung und sozialen Integration von legal in die EU Eingewanderten weit hinter den durch den Amsterdamer Vertrag geschaffenen Möglichkeiten zurück (Angenendt 2002a: 550).

3.3 Der Europäische Rat von Tampere

Während der Aktionsplan Impulse für die Selbstbindung der Gemeinschaftsorgane setzte, signalisierte der Europäische Rat auf einem Sondergipfel zur Innen- und Justizpolitik im Oktober 1999 im finnischen Tampere der Öffentlichkeit, dass sich die EU nach der wirtschaftlichen Integration nun mit Nachdruck zu einer politischen Union mit einer gemeinsamen Justiz- und Innenpolitik und zu einem wirklichen „Europa der Bürger" entwickelt (Sieveking 2000). Für die Einwanderungspolitik war Tampere von zentraler Bedeutung und die dort gefassten Beschlüsse fielen bei weitem liberaler aus, als „nach Wien" erwartet worden war.

Erstmalig erkannte der Europäische Rat öffentlich an, dass die EU zu einer Einwanderungsregion geworden ist (Groenendijk und Guild 2001) und dass ein „gemeinsames Konzept" ausgearbeitet werden muss, „um die Integration jener Drittstaatsangehörigen, die rechtmäßig ihren Wohnsitz in der Union haben, in unsere Gesellschaft zu gewährleisten". Sie sollen vergleichbare Rechte und Pflichten wie EU-Bürger erhalten, insbesondere das Recht auf Wohnsitznahme, Bildung und Ausübung einer selbständigen oder nichtselbständigen Erwerbstätigkeit. Dazu müsse auch Nichtdiskriminierung gefördert und Rassismus und Fremdenfeindlichkeit bekämpft werden (Europäischer Rat 1999: Ziff.4). Der Europäische Rat betonte erneut ausdrücklich die Notwendigkeit eines „umfassenden Migrationskonzeptes" und konkretisierte erstmals, dass dieses auch außen- und entwicklungspolitische Aktivitäten der EU einschließen müsse. Armutsbekämpfung, die Verbesserung von Lebensbedingungen und Beschäftigungsmöglichkeiten in den Herkunftsländern, Konfliktverhütung, Demokratisierung und Menschenrechtsschutz müssten auf der Basis einer partnerschaftlichen Beziehung zu den betroffenen Drittstaaten auch als Anliegen der Asyl- und Migrationspolitik verstanden werden (Europäischer Rat 1999: Ziff.11). Schließlich forderte der Europäische Rat eine effizientere „Steuerung der Migrationsströme", vor allem durch „Bekämpfung der illegalen Einwanderung" durch härtere Strafen für Schleuser und durch eine engere Zusammenarbeit der Grenzbehörden der Mitgliedstaaten. Die Beitrittskandidatenländer wurden aufgefordert, den Schengen-Besitzstand in vollem Umfang zu übernehmen. Freiwillige Rückkehr soll gefördert und Rückübernahmeabkommen mit Drittstaaten sollen geschlossen werden (Angenendt 2002a).

Die Kommission wurde beauftragt, ein „score-board" vorzulegen, das sämtliche Justiz- und Inneres-Aufträge des Amsterdamer Vertrages, des Wiener Aktionsplanes und des Gipfels von Tampere mit den jeweiligen Zieldaten in einem Dokument zusammenfasst und damit Verantwortlichkeiten überprüfbar macht (Sieveking 2000). Dieser Anzeiger ist im März 2000 als Mitteilung der Kommission an den Rat und das Europäische Parlament ergangen und wird seitdem halbjährlich fortgeschrieben (Kommission 2002a).

3.4 Europäische Initiativen seit Amsterdam

Für die dargestellten rechtlichen Strukturen im Bereich der Einwanderungspolitik hat der Vertrag von Nizza vom Dezember 2000 keine wesentlichen Fortschritte erbracht. Auch in diesem Politikfeld konnte das nationale Vetorecht nicht abgeschafft werden, bleibt das Einstimmigkeitsprinzip vorerst erhalten (Angenendt 2002a). Allerdings enthält die in Nizza verkündete Charta der Grundrechte auch migrationspolitische Vorgaben und Implikationen, beispielsweise in Art. 45 zur Freizügigkeit von legal in der Union lebenden Drittstaatsangehörigen (Europäische Union 2000).

Seit Amsterdam hat die europäische Ebene einen wichtigen Kompetenzzuwachs erhalten. Die Zuständigkeit der Gemeinschaft nach Art.63 EGV konkurriert mit der der EU-Länder, sodass die Mitgliedstaaten solange zuständig bleiben, bis auf Gemeinschaftsebene eine abschließende Regelung getroffen wurde. Die Prinzipien der Subsidiarität und Verhältnismäßigkeit (Art. 5 EGV) sind zu berücksichtigen. Richtlinien sind daher bei der Rechtsetzung Verordnungen vorzuziehen.[1]

3.4.1 Migrationspolitik der Gemeinschaft und ihre Koordinierung

Spätestens seit Tampere versteht sich die Europäische Kommission als Motor einer Asyl- und Migrationspolitik der Gemeinschaft (Angenendt 2002a) und hat zentrale Dokumente und Richtlinienvorschläge für eine Harmonisierung dieser Bereiche vorgelegt, auf die hier inhaltlich nur im Rahmen der unter I.1 gewählten Themenschwerpunkte eingegangen werden kann.

---

[1] Richtlinien sind in ihrer Zielsetzung für die Mitgliedstaaten bindend, während die Entscheidung über die Umsetzungsverfahren den Nationalstaaten überlassen bleibt. Sie fördern die Harmonisierung bestimmter Politikbereiche der Mitgliedstaaten unter Beibehaltung der Flexibilität im Verfahren. Verordnungen sind dagegen in ihrer Gesamtheit in allen Mitgliedstaaten verbindlich und unmittelbar anwendbar (Niessen 2002).

In ihrer Mitteilung an den Rat und das Europäische Parlament über eine Migrationspolitik der Gemeinschaft vom November 2000 (Kommission 2000b) greift die Kommission die Vorgaben von Tampere auf und vollzieht einen deutlichen Perspektivenwechsel vom Prinzip der Nullzuwanderung hin zu einem umfassenden, integrierten Migrationskonzept mit den Elementen der partnerschaftlichen Kooperation mit den Herkunftsländern (S.7f), eines gemeinschaftlichen Asylverfahrens (S.8f.), der fairen Behandlung von Drittstaatsangehörigen (S.9–11) sowie einer verbesserten Steuerung der Migrationsströme (S.11f.). Sie geht davon aus, dass die auf Einwanderungsstopp angelegten Maßnahmen der vergangenen dreißig Jahre der heutigen Lage nicht mehr entsprechen und nimmt auch auf die Abschottungsillusionen bisheriger Zuwanderungspolitiken Bezug: Es gelte sich zu entscheiden, „ob wir daran festhalten wollen, dass die Union dem Einwanderungsdruck widerstehen muss, oder wir bereit sind zu akzeptieren, dass die Einwanderung nicht aufzuhalten ist und angemessen geregelt werden sollte" (S.3). Hauptziel ist dabei eine aktive, demographisch begründete und an den Arbeitsmärkten orientierte Einwanderungspolitik (S.5, 20–22). Wie die Kommission betont, erfordere der Wechsel zu einer bewussten Migrationspolitik „politische Führungsstärke und ein eindeutiges Bekenntnis zur Förderung pluralistischer Gesellschaften sowie die Verurteilung von Rassismus und Fremdenfeindlichkeit. Es wird auf die Vorzüge der Einwanderung und der kulturellen Vielfalt hinzuweisen sein; bei Stellungnahmen zu Migrations- und asylpolitischen Fragen wäre ein Sprachgebrauch zu vermeiden, der rassistischen Tendenzen Auftrieb geben oder die Spannungen zwischen den Bevölkerungsgruppen verschärfen könnte. Die Verantwortlichen müssen öffentlich ihre Unterstützung für Maßnahmen zur Förderung der Integration von neuen Migranten und ihren Familienangehörigen bekunden und für die Anerkennung und Akzeptanz von kulturellen Unterschieden innerhalb eines klar abgesteckten Rahmens von Rechten und Pflichten werben" (S.21).

Zur Entwicklung der gemeinschaftlichen Migrationspolitik schlägt die Kommission die Schaffung eines entsprechenden rechtlichen Rahmens und in Ergänzung die Einführung eines offenen Koordinierungsmechanismus vor, wie er bereits in der Beschäftigungspolitik praktiziert wird (Kommission 2000b; Kommission 2001c). Dieser soll gewährleisten, dass die Rechtsvorschriften der Gemeinschaft vor Ort kohärent und nach gemeinsamen Standards umgesetzt werden und eine Bewertung der Wirksamkeit dieser Vorschriften ermöglichen (Hailbronner 2002). Schlüsselelement der offenen Koordinierung ist die Erstellung mehrjähriger Leitlinien mit Zeitplänen bezüglich der Steuerung der Migrationsströme, Zulassung von Wirtschaftsmigranten, Partnerschaft mit Drittländern und Integration von Drittstaatsanghörigen. Diese sind in spezifische nationale Aktionspläne umzusetzen, die eine Bilanz der im vorhergehenden Jahr durchgeführten Maßnahmen umfassen und Vorschläge für die Umsetzung der Leitlinien im nächsten Jahr. Die Mitgliedstaaten sollen regelmäßig verbindliche Berichte zu ihrer aktuellen Migrationssituation und zu „indikativen" Zielen zukünftiger Einwanderung vorlegen (S.16, 21). Diese würden von der Kommission evaluiert, auf welcher Basis der Rat dann gemeinsame Konzepte beschließt. Für die Immigranten wird ein – nach Aufenthaltsdauer abgestufter – einheitlicher Status vorgeschlagen, der den Rechten und Pflichten der Unionsbürger möglichst ähnlich sein soll und am Ende in eine Art „Zivilbürgerschaft" münden kann (S. 9–11, 15–18, 21f.). Dies soll mit verstärkten gemeinschaftlichen Maßnahmen sowohl zur Eindämmung von Menschenschmuggel und -handel und illegaler Immigration (S. 11–13) als auch zur gesellschaftlichen Integration von Einwanderern (S.18–20) verbunden werden. Außerdem wird empfohlen, auf die EU ausgerichtete Datenerhebung, Analyse und Forschung zu Migrationsfragen auszuweiten (S. 20) (Hägel und Deubner 2001). Für die Kohärenz der Einwanderungspolitik mit anderen Politikbereichen will die Kommission Sorge tragen (Kommission 2001c).

Eine Anwendung des offenen Koordinierungsmechanismus wurde von den Mitgliedstaaten abgelehnt (Hägel und Deubner 2001). Die Kommission hat inzwischen ersatzweise einen eigenen Ausschuss „Migration und Asyl" geschaffen, der unter Beteiligung aller Mitgliedstaaten regelmäßig tagt. Zur Ausgestaltung des Legislativrahmens wurden seit der Ratifizierung des Amsterdamer Vertrages mehrere Vorschläge erstellt, die vom Rat und dem Europäischen Parlament bis auf wenige Ausnahmen noch beraten werden. Die bislang ergangenen Rechtsakte betreffen ausschließlich die Bereiche Visapolitik, Schengen, Flüchtlinge, Rückführung und Bekämpfung irregulärer Einwanderung (Migration Policy Group 2002; Renner 2002).

3.4.2 Familienzusammenführung

Bereits im Dezember 1999 legte die Kommission einen Vorschlag für eine Richtlinie über das Recht auf Familienzusammenführung vor und unternahm mit dieser Initiative einen ersten Schritt hin zu einer aktiven europäischen Einwanderungspolitik, mit dem sie sich gleichzeitig vom Prinzip des Zuwanderungsstopps distanzierte (Kommission 1999). Ziel des Vorschlags war die Begründung eines Rechts auf Familienzusammenführung für Drittstaatsangehörige, die sich rechtmäßig im Gebiet der Mitgliedstaaten aufhalten, sowie für Unionsbürger, die ihr Recht auf Freizügigkeit nicht in Anspruch nehmen[2], für Flüchtlinge im Sinne der Genfer Flücht-lingskonvention und Personen mit subsidiärem Schutz. Die Kommission betonte die – nicht nur zahlenmäßige – Relevanz dieser Form der legalen Einwanderung[3] und hob deren Rolle für die Integration der rechtmäßig in einem Mitgliedstaat ansässigen Drittstaatsangehörigen hervor, da die Anwesenheit der Familienmitglieder eine „größere Stabilität und somit bessere Verwurzelung der Menschen" im Land ermögliche (Kommission 1999: 3). Neben den gesellschaftlichen Gründen kommt der Familienzusammenführung aufgrund ihrer internationalrechtlichen Einbettung (UN-Menschenrechtspakte von 1966, Überein-

---

[2] Diese sind bislang bei restriktiverem nationalen Recht gegenüber wandernden Unionsbürgern, bei denen EU-Recht zur Anwendung kommt, benachteiligt (Inländerdiskriminierung).

[3] In den meisten EU-Staaten kommen rund 60% der Zuwanderer im Zuge von Familienzusammenführung ins Land (Niessen 2002).

kommen der Internationalen Arbeitsorganisation für Arbeit (ILO) Nr. 143, Genfer Flüchtlingskonvention (GFK), Übereinkommen über die Rechte des Kindes von 1989, Europäische Menschenrechtskonvention, Europäische Sozialcharta) besondere Bedeutung zu (Sieveking 2000).

Der Richtlinienvorschlag legte einen weitgefassten Familienbegriff zugrunde, der neben Ehegatten, Kindern und Enkelkindern, die noch nicht 21 Jahre alt sind oder denen Unterhalt gewährt wird, und Eltern und Großeltern, denen Unterhalt gewährt wird, auch nicht verheiratete und gleichgeschlechtliche Paare einschloss (Kommission 1999). Damit orientierte sich die Kommission im Wesentlichen am Familiennachzug zu EU-Bürgern (S.9–10). Für Studierende war der Nachzugsanspruch eingeschränkter. Als Voraussetzung für den Familiennachzug war eine mindestens einjährige Aufenthaltserlaubnis des/der bereits rechtmäßig in einem Mitgliedstaat lebenden Anspruchsberechtigten vorgesehen, der Nachweis angemessenen Wohnraums, einer Krankenversicherung und ausreichender Einkünfte oberhalb der jeweiligen Sozialhilfegrenze (S. 30). Die nachgezogenen Familienangehörigen sollten einen am Aufenthalt des „Zusammenführenden" orientierten Aufenthaltstitel erhalten (S. 31). Alle Familienangehörigen sollten einen Zugang zur allgemeinen Bildung haben, aber nur die Mitglieder der Kernfamilie (Ehegatte und minderjährige Kinder) Zugang zu einer abhängigen oder selbständigen Erwerbstätigkeit und zur beruflichen Bildung. Ein eigenständiges Aufenthaltsrecht sollte nach spätestens vier Jahren gewährt werden (Brinkmann 1999).

Der Richtlinienentwurf stieß auf heftigen Widerstand einiger Mitgliedstaaten und kontroverse Verhandlungen. Einige wiesen die Anerkennung eines Rechts auf Familienzusammenführung zurück, andere lehnten die Regelung des Familiennachzuges zu Flüchtlingen mit subsidiärem Schutz im Rahmen der Richtlinie ab. Auch die Position nicht verheirateter Paare und der Zugang zum Arbeitsmarkt für Familienangehörige waren streitig (Boeles 2001: 62). Im Europäischen Parlament rief der Kommissionsvorschlag ebenfalls Diskussionen hervor, einschließlich des Rücktritts der zuständigen Berichterstatterin Klamt (EVP), nachdem die Vorschläge der Konservativen bei der Abstimmung von Änderungsanträgen keine Mehrheit gefunden hatten. Die Kritik richtete sich vor allem gegen die Berücksichtigung von Angehörigen über die Kernfamilie hinaus und die „Vermischung von „Einwanderung aus wirtschaftlichen Gründen mit Asyl". Die Mehrheit des Parlaments stimmte dem Vorschlag mit Änderungsvorschlägen am 6. September 2000 jedoch zu (Kessler 2000: 56). Die Kommission legte daraufhin im Oktober 2000 einen geänderten Entwurf der Richtlinie vor (Kommission 2000a). Familienzusammenführung zu Flüchtlingen mit subsidiärem Schutz war nun nicht mehr in die Richtlinie einbezogen und soll in einer weiteren Richtlinie über Personen mit subsidiärem Schutz geregelt werden. Auch wurde nun den Mitgliedstaaten das Recht eingeräumt, für Angehörige in aufsteigender Linie den Zugang zum Arbeitsmarkt einzuschränken. Im Wesentlichen unverändert blieb jedoch der vorgesehene Kreis der nachzugsberechtigten Familienangehörigen (Hailbronner 2002).

Der geänderte Kommissionsvorschlag wurde während der schwedischen Präsidentschaft durch weitere Überarbeitung stark abgeschwächt, doch auch diese Version fand aufgrund nationaler Vorbehalte nicht die Zustimmung im Rat für Justiz und Inneres (Peers 2002b). Zwei Jahre nach Vorlage des ersten Entwurfes durch die Kommission stellte der Europäische Rat in Laeken hinsichtlich einer Einwanderungspolitik der Gemeinschaft in den Schlussfolgerungen des Vorsitzes (Europäischer Rat 2001) fest, dass man „doch weniger rasch und in geringerem Umfang als vorgesehen vorangekommen ist. Es muss ein neues Konzept erarbeitet werden." (Ziff.39). Er hob hervor, dass die Festlegung von gemeinsamen Normen betreffend die Familienzusammenführung wesentlicher Bestandteil „einer echten gemeinsamen Einwanderungspolitik ist". Die Kommission wird ersucht, bis spätestens 30. April 2002 einen geänderten Vorschlag zur Familienzusammenführung vorzulegen (Ziff.41).

Dieser zweite geänderte Vorschlag liegt seit dem 2. Mai 2002 vor (Kommission 2002b). Der Vorschlag enthält nun vielerlei Vorbehalte einzelstaatlicher Ausnahmeregelungen. Den Mitgliedstaaten werden dabei deutlich weitergehende Spielräume eingeräumt. Beispielsweise gestattet die Richtlinie ihnen nun unter bestimmten Voraussetzungen, den Nachzug von Kindern über zwölf Jahren von der Prüfung eines Integrationskriteriums abhängig zu machen. Das Nachzugsalter kann unter bestimmten Voraussetzungen jetzt auf zwölf Jahre gesenkt werden, während der vorherige Vorschlag noch von der Volljährigkeit als Altersgrenze ausging. Die Dauer des rechtmäßigen Aufenthaltes kann nun auf zwei Jahre (vorher ein Jahr) festgeschrieben werden, bevor Angehörige nachgeholt werden dürfen. Wartefristen von höchstens drei Jahren können zukünftig zwischen Antragstellung und Ausstellung eines Aufenthaltstitels vorgesehen werden. Zwar wird eine „Stillstandsklausel" in den Vorschlag eingeführt, die die Verschärfung nationaler Bestimmungen ab Annahme der Richtlinie verhindern soll und von der günstigere mitgliedstaatliche Regelungen unberührt bleiben. Gleichzeitig sind diverse neu eingefügte Änderungen sehr viel restriktiver als einschlägige Bestimmungen einiger Mitgliedstaaten. Nicht wandernde EU-Bürger sind nunmehr von der Regelung ausgenommen und sollen gesondert geregelt werden. Der Wirtschafts- und Sozialausschuss kommt in seiner Stellungnahme vom Juli 2002 zu der Einschätzung, „die ursprünglich als ‚Rahmenregelung' beabsichtigte Rechtsvorschrift" bekomme nun „den Charakter eines kleinsten gemeinsamen Nenners des bereits in den Mitgliedstaaten geltenden Rechts" (Wirtschafts- und Sozialausschuss 2002). Eine Annahme des Richtlinienentwurfes in der neuen Fassung durch die EU-Staaten ist dennoch weiterhin nicht in Sicht. Dem Protokoll der Rats-Arbeitsgruppe Migration und Rückführung vom 1.–2. Oktober 2002 ist zu entnehmen, dass seitens der Mitgliedstaaten weitere Vorbehalte angemeldet wurden.

3.4.3 Behandlung von Drittstaatsangehörigen

Eine zentrale Zielsetzung des Europäischen Rates von Tampere war die Sicherstellung einer gerechten Behandlung von Drittstaatsangehörigen, die sich rechtmäßig im Hoheitsgebiet der Mitgliedstaaten aufhalten. Eine „energischere Integrationspolitik sollte darauf ausgerichtet sein, ihnen vergleichbare Rechte und Pflichten wie EU-Bürgern zuzuerkennen" [Europäischer Rat 1999: Ziff.18]. Ihre Rechtsstellung soll der von Staatsangehörigen der Mitgliedstaaten angenähert und Personen mit langfristigem Aufenthalt in einem Mitgliedstaat soll „eine Reihe einheitlicher Rechte" gewährt werden (Ziff.21). Politisch geht es darum, in einem geeinten Europa zu verhindern, dass es eine dauerhaft ansässige europäische Bevölkerung „zweiter Klasse" gibt, die von den Errungenschaften des Binnenmarktes und der Personenfreizügigkeit ausgeschlossen bleibt (Feldgen 1999). Bis auf einige privilegierte Gruppen (Familienangehörige von wandernden Unionsbürgern, Staatsangehörige von Staaten, mit denen die EG-Assoziationsabkommen nach Art. 310 EGV geschlossen hat, Beschäftigte von EU-Unternehmen, die von ihrer Dienstleistungsfreiheit gem. Art. 49f EGV Gebrauch machen) ist das Aufenthaltsrecht für Drittstaatsangehörige bislang nur auf den jeweiligen EU-Mitgliedstaat begrenzt. Sie können lediglich visumsfrei in andere Schengenstaaten reisen und ein kurzzeitiges Schengen-Besuchervisum erhalten (Hailbronner 2002).

Die Kommission hat auf der Grundlage der Beschlüsse von Tampere und von Art. 63 Nr.3a und Nr.4 EGV sowie unter Hinweis auf die EU-Charta der Grundrechte ihre Mitteilung über eine Migrationspolitik der Gemeinschaft weiter konkretisiert und am 13.3.2001 einen Vorschlag für eine Richtlinie des Rates betreffend den Status der langfristig aufenthaltsberechtigten Drittstaatsangehörigen (Kommission 2001d) vorgelegt. Ziel der Richtlinie ist die Förderung der Integration langfristig Aufenthaltsberechtigter durch die weitgehende Annäherung ihrer Rechtsstellung an die von Unionsbürgern. Außerdem sollen sie eine Art Freizügigkeitsrecht erhalten, in der gesamten Union erwerbstätig zu sein und Aufenthalt zu nehmen. Bereits 1997 hatte die Kommission mit dem Vorschlag eines „Drittstaaterübereinkommens" im Vorgriff auf die Vergemeinschaftung eine entsprechende Diskussionsgrundlage geliefert (Kommission 1997).

Es ist beabsichtigt, einen einheitlichen Status langfristig Aufenthaltsberechtigter festzulegen. Er soll allen Drittstaatsangehörigen offen stehen, die sich im Hoheitsgebiet eines Mitgliedstaates rechtmäßig aufhalten und dort auf Dauer ansässig sind. Dazu zählen auch Flüchtlinge nach der GFK und Familienmitglieder von wandernden Unionsbürgern sowie Drittstaatsangehörige, die im Hoheitsgebiet eines Mitgliedstaates geboren und dort ansässig sind, ohne die Staatsangehörigkeit dieses Landes zu besitzen. Ausgeschlossen sind Personen, die keinen Daueraufenthalt anstreben, Studierende, Saisonarbeiter und Personen mit vorübergehendem Schutz (Art.3). Voraussetzung für den Erwerb des Status ist ein rechtmäßiger ununterbrochener Aufenthalt von fünf Jahren. Weitere Voraussetzungen sind feste und ausreichende Einkünfte und eine Krankenversicherung. Dies gilt nicht für Flüchtlinge und im Land geborene Personen (Art. 6). Der Aufenthaltstitel ist zehn Jahre gültig und wird automatisch verlängert, ohne dass eine erneute Prüfung stattfindet (Art. 9). Abwesenheiten unter zwei Jahren führen nicht zur Aberkennung des Status, und aufenthaltsbeendende Maßnahmen sind nur bei schwerwiegenden Gründen zulässig (Art.13). Der Zugang zu einer selbständigen oder unselbständigen Erwerbstätigkeit darf nicht eingeschränkt oder von einer Arbeitsgenehmigung abhängig gemacht werden. Der Status beinhaltet Inländergleichbehandlung beim Zugang zu Bildung und Berufsausbildung, bei Anerkennung der Diplome, bei der Gewährung aller Arten sozialer Leistungen einschließlich Sozialhilfe oder garantierter Mindesteinkommen und kostenloser ärztlicher Versorgung (Art.12). Für die Gleichbehandlung bei der Gewährung sozialer und steuerlicher Vergünstigungen gelten die gleichen Grundsätze wie für die Auslegung der Verordnung (VO) Nr.1612/68 über die Freizügigkeit der Arbeitnehmer, woraus folgt, dass alle Arten sozialer Leistungen auf Bundes-, Landes-, oder kommunaler Ebene auch Drittstaatsangehörigen mit langfristiger Aufenthaltsberechtigung gewährt werden müssen (Hailbronner 2002). Der Daueraufenthaltsstatus kann nicht in mehreren Mitgliedstaaten gleichzeitig erlangt werden.

Neben diesem Daueraufenthaltsstatus beinhaltet die Richtlinie auch ein Aufenthaltsrecht in jedem anderen Mitgliedstaat zur Aufnahme einer selbständigen oder unabhängigen Erwerbstätigkeit oder einer Berufsausbildung (Art.16). Das Freizügigkeitsrecht umfasst auch das Recht, die Familienangehörigen mitnehmen zu können oder nachzuholen. Der „zweite Mitgliedstaat" stellt einen Aufenthaltstitel aus, der erst nach fünfjährigem rechtmäßigen Aufenthalt zum privilegierten Aufenthaltsrecht wird. Bis dahin umfasst er die gleichen Rechte, mit der Beschränkung, dass kein Anspruch auf Sozialhilfe oder Unterhaltsbeihilfe für Studierende besteht (Art. 24). Kommt es zur rechtmäßigen Aufenthaltsbeendigung im zweiten Mitgliedstaat, so ist der erste verpflichtet, den Drittstaatsangehörigen zurückzunehmen (Art. 26). Bislang bestehen solche allgemeinen Rückübernahmeverpflichtungen im Gemeinschaftsrecht nicht (Hailbronner 2002).

Der Richtlinienvorschlag wird derzeit in der Rats-Arbeitsgruppe Migration beraten. Eine positive Stellungnahme des Europäischen Parlaments mit Änderungsvorschlägen wurde am 5.2.2002 angenommen (Migration Policy Group 2002). Eine Prognose über den Verlauf der Beratungen fällt schwer. Es scheint, dem Grundsatz nach Einigkeit über die Notwendigkeit einer weitgehenden Angleichung der Rechtsstellung von Drittstaatsangehörigen an die von Unionsbürgern zu bestehen. Allerdings ist streitig, wie weit diese Angleichung im Einzelnen reichen soll. Bedenken bestehen besonders bei den sozialen Rechten (Hailbronner 2002) im Hinblick auf den Aufenthalt in anderen Mitgliedstaaten. So wird in einigen EU-Ländern aufgrund der Heterogenität der Mitgliedstaaten in den sozialen und materiellen Lebensbedingungen befürchtet, Immigranten hätten bei zu großzügiger Angleichung der Rechte „viele Anreize, in wohlhabendere Mitgliedstaaten zu wandern, anstatt in dem Mitgliedstaat zu bleiben der die ursprüngliche Aufenthaltsgenehmigung erteilte". Die anstehende EU-Erweiterung werde diese Problematik noch vergrößern (Hägel und Deubner 2001: 155). Es bleibt abzuwarten, ob die bereits bei der Beratung des Vorschlags für ein Drittstaaterübereinkommen an diesem Punkt gezeigte zurückhaltende bis ablehnende Haltung der Mitgliedstaaten (Feldgen 1999) angesichts aktueller Arbeitsmarktengpässe und Mobilitätserfordernisse aufgegeben wird.

Freizügigkeitsrechte können nur dann effektiv ausgeübt werden, wenn sichergestellt wird, dass innerhalb eines Mitgliedstaates erworbene soziale Ansprüche und Rechtspositionen nicht wieder verloren gehen. Deshalb ist die Einbeziehung von Drittstaatsangehörigen in den Bereich der sozialen Sicherheit von Bedeutung. Bislang sind diese aus der Koordinierung der sozialen Sicherungssysteme bis auf wenige Ausnahmen ausgeschlossen (Rat der Europäischen Gemeinschaften 1971). Die Kommission hat daher am 6.2.2002 auf der Grundlage von Art. 63 Abs. 4 EGV einen Vorschlag für eine Verordnung des Rates vorgelegt, die die Ausweitung der Verordnung 1408/71 über die Anwendung der Systeme der sozialen Sicherheit auf Arbeitnehmer und Selbständige sowie deren Familienangehörige, die innerhalb der Gemeinschaft zu- und abwandern, auf diesen Personenkreis anstrebt (Kommission 2002f). Sie sieht außerdem eine Ausdehnung der Liste der von den Koordinierungsregelungen erfassten Zweige der sozialen Sicherheit auf neue Leistungsarten (z.B. Vorruhestandsregelungen) vor. Von der Koordinierung der VO 1408/71 erfasst sind sowohl Leistungen bei Krankheit und Mutterschaft, Invalidität, Alter und Tod, bei Arbeitsunfällen und Berufskrankheiten, Leistungen bei Arbeitslosigkeit und Familienleistungen. Die Mitgliedstaaten einigten sich im Rat Beschäftigung und Sozialpolitik am 3.6.02 auf einen Text zur Ausdehnung des Geltungsbereichs der Verordnung auf Drittstaatsangehörige, die einen Bezug zu einem anderen Mitgliedstaat nachweisen können (z.B. durch Arbeit dort). Mittlerweile hat der Rat Beschäftigung, Sozialpolitik, Gesundheit und Verbraucherschutz am 3. Dezember 2002 Einigung über den Entwurf herbeigeführt. Die Verordnung wird auf einem der nächsten Räte als „A"-Punkt (ohne weitere Aussprache) verabschiedet werden (Rat der Europäischen Union (Beschäftigung 2002: 24).

Schließlich hat die Kommission am 23. März 2001 einen Vorschlag für eine Verordnung des Rates zur einheitlichen Gestaltung des Aufenthaltstitels für Drittstaats-angehörige vorgelegt (Kommission 2001g), dem das Europäische Parlament in seiner Stellungnahme vom 12.12.2001 zugestimmt hat und die vom Rat für Inneres am 13.2.2002 angenommen wurde (Rat der Europäischen Union 2002). Die Verordnung bedarf hier inhaltlich keiner weiteren Erörterung. Der Vollständigkeit halber sei auch der Vorschlag der Kommission für eine Richtlinie über die Reisefreiheit von Drittstaatsangehörigen für einen maximalen Zeitraum von drei oder sechs Monaten im Gemeinschaftsgebiet vom 10.7.2001 erwähnt (Kommission 2001e), mit der die Bedingungen, unter denen Drittstaatsangehörige im Hoheitsgebiet der Mitgliedstaaten während längstens drei Monaten (in einem Sechsmonatszeitraum) und während längstens sechs Monaten (in einem Zwölfmonatszeitraum) Reisefreiheit geniessen, in einem Rechtsinstrument zusammengefasst werden sollen.[4] Er befindet sich in der Beratung und bedarf aufgrund des vorübergehenden Charakters des zu regelnden Aufenthaltes hier keiner weiteren Erörterung.

3.4.4. Zugang zum Arbeitsmarkt

Ein Hauptanliegen jedweder Einwanderungspolitik ist die Steuerung der Arbeitsmärkte, die Anwerbung und Zulassung von Einwanderern zum Arbeitsmarkt von daher eine zentrale Säule gestaltender Zuwanderungspolitik. Bereits in ihrer Mitteilung über eine Migrationspolitik der Gemeinschaft (Kommission 2000b) hat die Kommission auf die prognostizierte Abnahme der Bevölkerung und den Arbeitskräftemangel in einigen Sektoren der EU-Staaten hingewiesen und sich für eine „aktive, demographisch begründete und an den Arbeitsmärkten orientierte Einwanderungspolitik" ausgesprochen (S.5, 20-22). Dabei sei der Rolle von Drittstaatsangehörigen bislang nicht die nötige Aufmerksamkeit geschenkt worden. Die Kommission schlägt vor, als wichtiges Kriterium bei der Aufnahme von Wirtschaftsmigranten die Arbeitsmarktbedürfnisse an hochqualifizierten Spezialisten, weniger qualifizierten und unqualifizierten Kräften und Saisonarbeitern heranzuziehen. Eine Prüfung der längerfristigen Bedürfnisse der EU sei erforderlich, und es bedürfe eines flexibleren Ansatzes als bisher, der es ermögliche, schnell und wirkungsvoll auf die Bedarfe der nationalen, regionalen und lokalen Arbeitsmärkte zu reagieren und der Notwendigkeit einer größeren Mobilität der zugelassenen Migranten zwischen den Mitgliedstaaten Rechnung zu tragen (S.13-15). Dabei erkennt die Kommission an, dass es nicht möglich ist, von Brüssel aus einen Arbeitsmarktbedarf und darauf gestützt Quoten festzulegen. Die Mitgliedstaaten sollen auch zukünftig selbst bestimmen können, welche Gruppen von Migranten und wie viele Arbeitskräfte sie in den einzelnen Sektoren benötigen. Hierzu soll ein neues Verfahren der offenen Koordinierung eingeführt werden (siehe auch 3.4.1). Es würde die Mitgliedstaaten verpflichten, Berichte zu erstellen, in denen einmal die Entwicklung der Migrationspolitik, andererseits die migrationspolitischen Ziele der Mitgliedstaaten, einschließlich der voraussichtlichen Zahl von Arbeitsmigranten, die zugelassen werden sollen, genannt werden. Ein „geeignetes System von indikativen Zielen", das sich neben dem Arbeitsmarktbedarf auch an bestehenden Abkommen mit den Herkunftsländern und weiteren Aspekten orientiert, wird einer Quotenregelung vorgezogen. Der Bericht soll in Kooperation mit den Sozialpartnern, Regional- und Kommunalbehörden und allen sonstigen an der Integration von Migranten beteiligten Akteuren erstellt werden. Der Rat würde auf der Basis eines zusammenfassenden Berichts die Grundlagen des im nächsten Zeitraum umzusetzenden gemeinsamen Konzepts festlegen. Die Kommission soll für die regelmäßige Überwachung und

---

[4] Drittstaatsangehörige, die sich rechtmäßig in einem Mitgliedstaat aufhalten, erhalten unter den bisherigen Bedingungen (Schengen-Besitzstand) Reisefreiheit bis höchstens drei Monaten innerhalb von sechs Monaten. Zusätzlich wird eine besondere Reisegenehmigung für sechs Monate eingeführt. Der Richtlinienentwurf betrifft vor allem Musiker, Künstler und andere Personen, die sich vorübergehend im Gemeinschaftsgebiet aufhalten wollen (Hailbronner 2002).

Bewertung der Politik, einschließlich ihrer Auswirkungen für die Herkunftsländer zuständig sein (S.16). Ein gemeinsamer kohärenter Rechtsrahmen soll die grundlegenden Bedingungen und Zulassungsverfahren für Arbeitsmigranten festlegen, während es den Mitgliedstaaten überlassen bliebe, nationale Maßnahmen für die Aufnahme von Drittstaatsangehörigen nach den festgelegten Kriterien zu erlassen. Der rechtliche Rahmen stützt sich auf mehrere Grundprinzipien: So sollen die Rechte der Zuwanderer je nach Aufenthaltsdauer unterschiedlich gehandhabt werden. Erleichterungen bei der Aufnahme der unterschiedlichen Gruppen werden vorgesehen. Für Personen, die sich mehrere Jahre in der EU zu Studienzwecken aufgehalten haben, wird der Zugang zum Arbeitsmarkt erleichtert. Um unionsweit zu vergleichbaren Regelungen zu gelangen, sollen die Rechte mit zunehmender Aufenthaltsdauer ausgeweitet werden. Ein flexibles Gesamtsystem soll mehrere Rechtsstellungen vorsehen, z. B. eine befristete Arbeitserlaubnis, die gegebenenfalls verlängerbar ist und in eine Dauerarbeitsgenehmigung münden kann. Außerdem sollen die Antragsverfahren klar und einfach gestaltet sein, sollen das Recht des Arbeitgebers auf eine selbständige Auswahl berücksichtigt werden, Aufnahme und Einreisebedingungen, Rechte und Pflichten der Arbeitsmigranten den Prinzipien der Transparenz und Rationalität (S.16–17) unterliegen. Die Gemeinschaft soll für benötigte Arbeitskräfte durch Verfahrensvereinfachung und verbesserten Zugang zu Informationen attraktiver werden.

Diese Vorstellungen der Kommission wurden auf der Grundlage von Art. 63 Nr. 3a) EGV in einem Richtlinienvorschlag vom 11. Juli 2001 für eine „Arbeitsmarktzugangs-Richtlinie" (Kommission 2001f) und in der bereits erwähnten Mitteilung über einen offenen Koordinierungsmechanismus (Kommission 2001c) präzisiert. Die Arbeitsmarktzugangs-Richtlinie wird als Ergänzung zum Richtlinienvorschlag über langfristig aufenthaltsberechtigte Drittstaatsangehörige (siehe 3.4.3) verstanden. Sie stützt sich auf die Ergebnisse einer unionsweit durchgeführten vergleichenden Studie über die Zulassung von Drittstaatsangehörigen zum Arbeitsmarkt (ECOTEC Research & Consulting 2000). Wesentliche Neuerung des Vorschlages ist die Einführung eines einzigen innerstaatlichen Antragsverfahrens für die Erteilung einer kombinierten Aufenthalts- und Arbeitserlaubnis („One-stop-shop-Verfahren"), die zur Vereinfachung und Harmonisierung der derzeit unterschiedlichen Regelungen der EU-Staaten beitragen soll. Dabei ist gemeinsames Hauptkriterium für die Zulassung zu einer unselbständigen Erwerbstätigkeit der Nachweis, dass die betreffende Stelle nach (vierwöchiger) öffentlicher Bekanntmachung in mehreren Mitgliedstaaten nicht aus dem bevorrechtigten inländischen Arbeitsmarkt besetzt werden kann (S. 11). Neben Unionsbürgern und weiteren bevorrechtigten Gruppen räumt der Richtlinienvorschlag auch eine Gemeinschaftspräferenz für Bürger der Beitrittsstaaten ein (Art. 6, Abs. 2.). Ein Rechtsanspruch auf Zulassung von außerhalb der EU wird nicht begründet. Bei Antragstellung auf eine selbständige Erwerbstätigkeit wird geprüft, ob ein Mehrwert für die Beschäftigung bzw. die wirtschaftliche Entwicklung des Aufnahmelandes besteht. Außerdem sollen die Mitgliedstaaten die Möglichkeit haben, horizontale Maßnahmen, wie Höchstgrenzen oder Quoten zur Beschränkung der Zulassung von

Drittstaatsangehörigen, zu verwenden (S. 24). Sie können Beschäftigungssektoren angeben, in denen dauerhafter Arbeitskräftemangel herrscht und in denen zur Besetzung von Stellen keine öffentliche Ausschreibung erforderlich ist (S.13). Darüber hinaus können Einkommensschwellen festgelegt werden, bei deren Überschreiten das Kriterium der wirtschaftlichen Notwendigkeit als erfüllt gilt, oder es kann die Möglichkeit eingeräumt werden, dass der Arbeitgeber eine bestimmte Geldsumme an die zuständige Behörde zahlt, die der Förderung der Integration oder zu Ausbildungszwecken dienen soll, um dieses Kriterium zu erfüllen (Art. 6). Vorgesehen ist die Einführung einheitlicher Aufenthaltstitel für Arbeitnehmer, Selbständige sowie für Saisonarbeiter, grenzüberschreitende Arbeitnehmer, innerbetrieblich versetzte Arbeitnehmer, in Ausbildung stehende Personen und Jugendaustausch/Au Pair. Der „Aufenthaltstitel-Arbeitnehmer" wird erstmalig für drei Jahre erteilt und kann für bis zu drei weiteren Jahren unter erleichterten Bedingungen verlängert werden (Art.7). Er gestattet den Wechsel sowohl der Beschäftigung als auch des Arbeitgebers. Für die Dauer der Gültigkeit wird Gleichbehandlung mit Unionsbürgern bei Arbeitsbedingungen und sozialer Sicherheit gewährt (Art.11).

Die Beratungen des Richtlinienentwurfes haben im März 2002 im Rat begonnen. Eine Stellungnahme des Europäischen Parlaments liegt noch nicht vor. Wie aus dem unter 3.4.3 bereits erwähnten Vermerk des Bundesarbeitsministeriums vom 14.10.2002 hervorgeht, wird dort mit einer Verabschiedung vor 2003 nicht gerechnet. Die derzeitige dänische Ratspräsidentschaft setzt im Bereich der Migrationspolitik andere Prioritäten (Dänische Ratspräsidentschaft 2002; Ertel und Schreiber 2002). Außerdem nimmt Dänemark nicht an den Maßnahmen nach Titel IV EGV teil, so dass von einer Beschleunigung der Beratungen derzeit nicht auszugehen ist.

Entsprechend den im Anzeiger der Fortschritte bei der Schaffung eines „Raumes der Freiheit, der Sicherheit und des Rechts" festgelegten Zielen (Kommission 2002a) hat die Kommission zur Ergänzung der bisherigen Initiativen im Bereich der Einwanderung zur Ausübung einer Erwerbstätigkeit und zur Familienzusammenführung am 7.10.2002 auf der Grundlage von Art. 63, 3a und 4 EGV einen Richtlinienvorschlag über die Bedingungen für die Einreise und den Aufenthalt von Drittstaatsangehörigen zur Aufnahme eines Studiums, einer Berufsausbildung oder eines Freiwilligendienstes vorgelegt (Kommission 2002e), dessen ausführliche Erörterung den Rahmen dieser Arbeit übersteigen würde. Erste Reaktionen der EU Innenminister beim Ratstreffen in Luxemburg vom 16. Oktober standen deutlich unter dem Eindruck vorausgegangener Terroranschläge auf Bali und hoben ausschließlich auf Fragen der Terrorismusbekämpfung und inneren Sicherheit ab. So wurde kritisiert, die Vorschläge der Kommission zum Aufenthalt von Drittstaatsangehörigen gingen nicht genügend auf dieses Problem ein (Deutsche Presseagentur 2002b).

Insgesamt liegt die Federführung der genannten europäischen Initiativen innerhalb der Kommission bei der Generaldirektion Justiz und Inneres. Innerhalb der EU-Beschäftigungsstrategie wurde Zuwanderung bislang kaum als eine zusätzliche Arbeitsmarktstrategie berücksichtigt. Obwohl der Europäische Rat in Nizza, Stockholm und Laeken jeweils die Bedeutung von innerer Mobilität und Freizügigkeit von Personen betonte, wird anscheinend vermieden, das Thema Zuwanderung mit dem der Arbeitsmarktpolitik und der Sozialagenda zu verbinden (Niessen 2002: 223).

3.5 Der Europäische Rat von Sevilla

Der Europäische Rat von Sevilla vom 21. bis 22. Juni 2002 legte in Fortsetzung von Tampere und Laeken unter spanischer Präsidentschaft erneut einen Schwerpunkt auf den Bereich der Migrationspolitik, allerdings mit deutlich anderer Akzentsetzung. Vor dem Hintergrund des Wahlerfolges der Rechtsextremen in Frankreich und den Niederlanden in den Vormonaten, die vor allem mit fremdenfeindlichen Parolen und Forderungen nach drastischer Zuwanderungsbeschränkung bei den Wählern gepunktet hatten, sollte dieses Thema „nicht mehr den Rechtspopulisten überlassen" werden (Flottau, Schlamp et al. 2002; Thibaut 2002). Auch die Regierungsbeteiligung der Rechtsextremen in Dänemark, Italien und Österreich sorgen für eine härtere Gangart. Folglich stellt der Europäische Rat in Sevilla fest, es sei „von entscheidender Bedeutung", dass die Migrationsströme unter Wahrung des Rechts und in Zusammenarbeit mit den Herkunfts- und Transitländern der Migranten unter Kontrolle gehalten werden". Oberste Priorität wird der „Bekämpfung illegaler Einwanderung" eingeräumt, und es werden Sanktionen gegenüber Herkunfts- und Transitstaaten, die sich in dieser Frage nicht kooperationswillig zeigen, erwogen (Europäischer Rat 2002). Einwanderungspolitik wird künftig nicht nur als Teil der europäischen Innenpolitik sondern auch als Element der gemeinsamen Außen- und Sicherheitspolitik begriffen (Wittelsbürger 2002). Die EU-Regierungschefs einigten sich u.a. auf die Erhöhung der Fälschungssicherheit von Visa und Reisedokumenten; die Errichtung gemeinsamer Konsulate in den Drittstaaten, bessere Kooperation mit den Herkunfts- und Transitstaaten, um gegen irreguläre Einwanderung und Schlepperbanden vorzugehen, Verbesserung und Verstärkung der Überwachung der Küsten und gemeinsamen Außengrenzen, Durchführung von gemeinsamen Grenzkontrollen, einheitliche Ausbildung der Grenzbeamten und verstärkte Zusammenarbeit, ein Überdenken der Asylpolitik und Festlegung von gemeinsamen Normen für die Ausweisung, den Kampf gegen die Schwarzarbeit und die Stärkung der Rolle Europols (Europäischer Rat 2002). Europäische Nichtregierungsorganisationen sprachen im Vorfeld von Sevilla von einer „Kanonenboot-Diplomatie" (Ciesinger 2002). Hinsichtlich der bisherigen Kommissionsvorschläge zur legalen Einwanderung seit Amsterdam wurden nur für die Richtlinien über das Recht auf Familienzusammenführung und den Status von langfristig aufenthaltsberechtigten Drittstaatsangehörigen zeitliche Vorgaben für eine Beschlussfassung durch den Rat vereinbart. Der Rat wird aufgefordert, diese vor Juni 2003 zu billigen (Europäischer Rat 2002).

In der zweiten Jahreshälfte 2002 hat Dänemark die EU-Präsidentschaft übernommen. Die dänische Asyl- und Einwanderungspolitik wurde seit dem Regierungswechsel

2001 drastisch verschärft. Auf europäischer Ebene ist zu berücksichtigen, dass Dänemark nicht an den Maßnahmen nach Titel IV EGV teilnimmt; bei Maßnahmen zur Ergänzung des Schengen-Besitzstandes entscheidet es jeweils, ob es diese umsetzen will. Bislang hat die Präsidentschaft im Migrationsbereich die Bedeutung der Integration legaler Einwanderer und verstärkter Außengrenzkontrollen betont (Dänische Ratspräsidentschaft 2002; Deutsche Presseagentur 2002b).

4. Zusammenfassung und Bewertung

In den vergangenen Jahrzehnten hat in Europa umfangreiche und dauerhafte Einwanderung stattgefunden. Heute sind de facto alle Mitgliedstaaten Einwanderungsländer. Größte Gruppe der Immigranten sind ca. 10–12 Millionen Drittstaatsangehörige. Von einer Fortsetzung der Zuwanderungstrends von außerhalb der EU im Rahmen von Süd-Nord- und Ost-West-Wanderungen ist auszugehen. Es wird auch zukünftig Einwanderung in erheblichem Maße stattfinden und aufgrund demographischer, wirtschaftlicher und globaler Entwicklungen benötigt werden. In den Mitgliedstaaten ist die öffentliche Diskussion vorrangig von Ängsten vor Massenzuwanderung und Überfremdung geprägt, fehlen noch langfristige und umfassende Konzepte zur aktiven Steuerung und Gestaltung von Einwanderung und zur Integration der Immigranten. Auf europäischer Ebene hat vor allem die Schaffung des Binnenmarktes eine engere Zusammenarbeit der Mitgliedstaaten in der Asyl- und Migrationspolitik bewirkt. Sie konzentrierte sich vor allem auf die Sicherung der Außengrenzen, Visapolitik und Fragen der inneren Sicherheit mit dem vorrangigen Ziel der Zuwanderungsabwehr. Mit dem Vertrag von Maastricht fand diese intergouvernementale Zusammenarbeit erstmals Eingang in den rechtlichen Rahmen der EU, jedoch ohne unmittelbare Zuständigkeit der EU-Institutionen. Steigende Zuwanderung bei gleichzeitig unterschiedlicher Betroffenheit der Mitgliedstaaten förderte den Wunsch nach stärkerer Harmonisierung der Justiz- und Innenpolitik und führte mit dem Amsterdamer Vertrag 1999 zu einer Vergemeinschaftung der Asyl- und Migrationspolitik mit der politisch-rechtlichen Zielsetzung einer verbindlichen gemeinsamen Regelung dieser Bereiche. Allerdings behielten sich die Mitgliedstaaten für einen fünfjährigen Übergangszeitraum das Einstimmigkeitsprinzip vor, bleibt die Zuständigkeit von Europäischem Gerichtshof und Europäischem Parlament für diese Zeit eingeschränkt. Außerdem nehmen drei Mitgliedstaaten nicht oder nur ausnahmsweise an der gemeinsamen Politik teil. Die Ziele von Amsterdam wurden in einem Aktionsplan des Rates und der Kommission und auf dem Sondergipfel des Europäischen Rates in Tampere weiterentwickelt und konkretisiert. Beide betonen die Notwendigkeit einer umfassenden Migrationsstrategie. Während der Aktionsplan die Schwerpunkte der Aktivitäten noch im Bereich der Zuwanderungskontrolle, -begrenzung und der Rückführung setzt, wird in Tampere auch die Bedeutung der Integration und gerechten Behandlung von Drittstaatsangehörigen und der Bekämpfung von Rassismus und Fremdenfeindlichkeit betont.

Die Kommission hat in ihrer neuen Zuständigkeit seit 1999 mit mehreren Diskussionsbeiträgen für eine Abkehr vom Prinzip der Nullzuwanderung, für ein umfassendes

Migrationskonzept und eine aktive, an den demographischen und wirtschaftlichen Bedürfnissen der EU orientierten Einwanderungspolitik geworben und zur rechtlichen Gestaltung legaler Einwanderung im Hinblick auf Familienzusammenführung, Gleichbehandlung von Drittstaatsangehörigen und Arbeitsmigration mehrere weitreichende Vorschläge vorgelegt. Bis auf eine – vergleichsweise unbedeutende – Verordnung zur einheitlichen Gestaltung des Aufenthaltstitels für Drittstaatsangehörige hat keiner dieser Kommissionsvorschläge bislang die Billigung des Rates und damit der Mitgliedstaaten gefunden. Dabei tragen die überarbeiteten Versionen bereits deutlich restriktivere Züge und enthalten größere mitgliedstaatliche Handlungsspielräume für Ausnahmeregelungen. Wie der Europäische Rat von Sevilla im Juni 2002 zeigte, hat in der europäischen Debatte erneut eine Prioritätenverlagerung zugunsten der Bekämpfung irregulärer Einwanderung, Außengrenzsicherung und dem Ausbau der Kontrollsysteme stattgefunden.

III Perspektive und Interessen der Mitgliedstaaten

Wie unter II.3 dargestellt, hängt das Zustandekommen einer gemeinsamen europäischen Einwanderungspolitik und ihre Gestaltung nach wie vor von der – einstimmigen – Einigung der Mitgliedstaaten, vor allem ihrer Innenminister ab. Ausgangspunkt der Verhandlungen ist dabei jeweils der eigene migrationspolitische Blickwinkel und das oft aufgrund schwieriger innerstaatlicher Diskussionen zustande gekommene nationale Recht (Feldgen 1999: 329; Beauftragte der Bundesregierung für Ausländerfragen 2002: 21). Für die Analyse europäischer Einwanderungspolitik und ihrer Entwicklung kommt daher der Perspektive der Mitgliedstaaten, ihren nationalen Interessen, Rahmenbedingungen und Vorgehensweisen besondere Bedeutung zu. Ihnen gemeinsam ist das Interesse an der Einwanderungskontrolle zum eigenen Territorium, der Gewährleistung der inneren Sicherheit sowie an der Bewahrung und Entwicklung des inneren Zusammenhaltes und der nationalen Identität (Brochmann 1999a: 297). Dabei sind Sicherheitsaspekte nach den Terroranschlägen des 11. September 2001 stark in den Vordergrund getreten (Alt und Cyrus 2002: 148; Niessen 2002: 228).

1. Kriterien und Einflussfaktoren nationaler Einwanderungspolitik

Nationale Einwanderungspolitik unterliegt auch einer Vielzahl von Kriterien und Einflussfaktoren, die zu unterschiedlichen Interessenlagen und Verhaltensweisen der Mitgliedstaaten führen. Geographische Koordinaten, historisches Erbe und politische Kultur, die eigene Einwanderungsgeschichte, demographische, wirtschaftliche, soziale und kulturelle Aspekte, interne wie auch internationale Verpflichtungen der Staaten spielen hier eine Rolle (Papademetriou und Hamilton 1997; Groenendijk und Guild 2001: 53; Hailbronner 2002: 83). Sie bilden – meist in unterschiedlicher Kombination – die Legitimation für die nationale Politik.

Die geopolitische Lage der EU-Länder, Verlauf und Beschaffenheit ihrer Außengrenzen oder die Nähe zu einer Entsende- oder Transitregion und vor allem die Erreichbarkeit wirken sich im Zusammenspiel z.B. mit wirtschaftlichen und außenpolitischen Faktoren auf Wanderungsbewegungen und auf die Migrationspolitik aus. Historische, kulturelle und politische Verbindungen zu den Herkunftsländern, bilaterale und multilaterale internationale Verträge und Beziehungen bilden einen Referenzrahmen für nationale Einwanderungspolitik (Brochmann 1999b). So bilden auch in der postkolonialen Ära die ehemaligen Kolonien noch immer ein erhebliches Migrationspotential, da dort zumeist noch die Sprache der Kolonialmacht gesprochen wird und auch Wirtschaft, die politischen Eliten und Teile der Kultur sich an dieser orientieren (Münz und Seifert 2000). Wie in Kapitel II. bereits dargestellt und in Kapitel IV. noch näher zu beleuchten, ist die europäische Dimension ihrerseits von unmittelbarem Einfluss auf die mitgliedstaatliche Politik.

Die Einwanderungsgeschichte der Mitgliedstaaten ist in verschiedener Hinsicht von Bedeutung. Sie schafft einerseits aufgrund bestehender Einwanderungstraditionen und

Immigrantennetzwerke die Basis für sogenannte Kettenmigrationen aus bestimmten Ländern und Regionen. Außerdem ist auch die Dauer von Einwanderungsprozessen wichtig, da sie sich auf die Erfahrung und Fähigkeit der Staaten im Umgang mit Zuwanderung sowie auf den Entwicklungsstand des nationalen Rechts auswirkt und Implikationen für Haltungen und das Klima in der Bevölkerung gegenüber Einwanderern haben kann (Brochmann 1999a).

Einen entscheidenden Einflussfaktor bilden wirtschaftliche Entwicklungen, insbesondere auf dem Arbeitsmarkt. Struktur und Nachfrage des regulären Arbeitsmarktes sind dabei ebenso wichtig wie Existenz und Größe einer Schattenwirtschaft und deren Arbeitskräftebedarf; letzteres insbesondere für das Ausmaß und den Umgang mit irregulärer Einwanderung. Darüber hinaus gibt es relevante Zusammenhänge zwischen der Einwanderungspolitik eines Staates und seinen sozialen Sicherungssystemen, die Brochmann als „immigration/welfare paradox" beschreibt: „On the one hand, internal social redistribution and high levels of equality or of basic social protection for all require more closure and restrictive external control. Admitting immigrants who will then be subjected to unequal and discriminatory treatment may create lasting marginalization, which will undermine the state's or the trade unions' capacity to maintain high standards for wages, work conditions and social benefits. (....) On the other hand, these standards may also be pull factors for further immigration and they may require some relaxation of immigration control" (Brochmann 1999b: 15).

Von zentraler Bedeutung für das Interesse und die Bereitschaft der Mitgliedstaaten Zuwanderer zuzulassen, ist außerdem, wie sie die Realität bestehenden Migrationsdrucks einerseits und ihre eigene Aufnahmekapazität andererseits wahrnehmen (Brochmann 1999b). Unzufriedenheit über unerwünschte Zuwanderung und Ängste in der Bevölkerung können zur Verschärfung von Legitimationskrisen der Regierungen beitragen, die diese im Zusammenhang mit den sozialen Auswirkungen des globalen Strukturwandels erleben (Papademetriou und Hamilton 1997). Wachsender Rassismus, Xenophobie und der Erfolg rechtspopulistischer Parteien schlagen sich auf die Einwanderungspolitik nieder. Gleichzeitig können die politischen Akteure diese Tendenzen durch den Ruf nach weiteren Restriktionen noch verstärken. Innenpolitisch spielen die Aktivitäten und die Einflussnahme relevanter Akteure, beispielsweise von Unternehmen und Wirtschaftsverbänden, Gewerkschaften, politischen Parteien, zivilgesellschaftlichen Kräften und Nichtregierungsorganisationen auf die gesellschaftliche Diskussion und den politischen Prozess eine wichtige Rolle (Brochmann 1999b; Niessen 2001). Dabei spiegelt nationale Einwanderungspolitik oft die Spannungen und Dilemmas sich widersprechender Interessenlagen innerhalb der Gesellschaft wider.

Nationale Geschichte und Traditionen und ihre Prägung der zivilen und politischen Kultur, kollektive Identitäten und nicht zuletzt das gesellschaftliche Selbstverständnis nationaler Identität wirken auf den Umgang mit Zuwanderern und die Einwanderungspolitik ein. Staatliche Strukturen wie die Machtverteilung zwischen den staatlichen

Gewalten, den verschiedenen Regierungsebenen und schließlich zwischen den ausführenden Behörden sind in ihrem Einfluss auf nationale Einwanderungspolitik ebenfalls nicht zu unterschätzen (Papademetriou und Hamilton 1997). Schließlich unterliegt die Migrationspolitik der Mitgliedstaaten auch deutlichen Grenzen externer Abschottung und interner Kontrolle, die ihnen durch die in demokratischen Rechts- und Sozialstaaten geltenden Werte und Normen gesetzt sind (Brochmann 1999b).

In den nachfolgenden Länderbeispielen kann nicht auf alle der genannten Kriterien und Einflussfaktoren ausführlich eingegangen werden.

2. Einwanderungspolitik in Deutschland

2.1 Vom erklärten Nichteinwanderungsland zur Einwanderungsgesellschaft

Über mehrere Jahrhunderte war Deutschland vor allem von Auswanderung geprägt. Allein zwischen 1800 und 1939 verließen etwa sieben Millionen Deutsche aus wirtschaftlicher Not und aus politischen Gründen ihre Heimat, die meisten in Richtung Übersee. Seit Mitte des 20. Jahrhunderts ist die Zahl der Zuwanderer deutlich höher als die der Abwanderer. In keine Region Europas sind in diesem Zeitraum mehr Menschen eingewandert als in das Gebiet der alten Bundesrepublik (Münz, Seifert et al. 1999: 18). Insgesamt wanderten zwischen 1955–1999 mehr als 31 Millionen Menschen deutscher und ausländischer Nationalität nach Westdeutschland beziehungsweise in die vereinigte Bundesrepublik zu. Im gleichen Zeitraum verließen rund 22 Millionen Menschen wieder das Land (Unabhängige Kommission „Zuwanderung" 2001: 15). Ende 2000 lebten 7,3 Millionen Ausländer in Deutschland, davon 5,8 Millionen ausländische Zuwanderer sowie 1,5 Millionen in Deutschland geborene Ausländer. Ihr Anteil an der Gesamtbevölkerung beträgt 8,9% und liegt damit deutlich über dem Durchschnitt der EU-Mitgliedstaaten von knapp fünf Prozent.[5] Hinzu kommen etwa 3,2 Millionen im Zuge privilegierter Migration als Aussiedler (Angehörige volksdeutscher Minderheiten in Mittel- und Osteuropa) Zugewanderter und rund eine Million Menschen, die im Inland eingebürgert wurden. Insgesamt liegt der Anteil der eingewanderten Bevölkerung damit bei fast zwölf Prozent. Fast ein Viertel der in Deutschland lebenden Ausländer (ca. 1,8 Millionen) sind Bürger anderer EU-Staaten (SOPEMI OECD 2001; Unabhängige Kommission „Zuwanderung" 2001). Über vierzig Prozent aller Ausländer leben seit mehr als fünfzehn Jahren in Deutschland. Fast zwei Drittel der ausländischen Kinder und Jugendlichen sind hier geboren. Während in den neuen Bundesländern aufgrund der unterschiedlichen historischen Migrationsentwicklung der Ausländeranteil nur etwa zwei Prozent beträgt, liegt er in der alten Bundesrepublik

---

[5] Auf das Problem der begrenzten Vergleichbarkeit aufgrund unterschiedlicher Einbürgerungspraxis wurde bereits hingewiesen. Einbürgerung spielte in der Vergangenheit in Deutschland nur eine geringe Rolle, der hohe Ausländeranteil ist insoweit ein „hausgemachtes Problem" (Bade 2001: 20).

bei über zehn Prozent und ist in städtischen Gebieten zwei- bis dreimal so hoch wie im ländlichen Raum (Unabhängige Kommission „Zuwanderung" 2001).

Seit dem zweiten Weltkrieg sind mehrere Phasen deutscher Migrationsgeschichte bis in die Gegenwart hinein prägend für aktuelle Migrationen, in deren Verlauf die größte Zahl der in Deutschland dauerhaft lebenden Einwanderer kam: Von 1945 bis 1949 die Zuwanderung von etwa zwölf Millionen mehrheitlich deutschstämmiger Flüchtlinge und Vertriebener, 1961 bis 1973 eine Phase massiver Anwerbung von Arbeitsmigranten („Gastarbeiter") durch die Bundesrepublik, 1973 bis 1988/1989 der bis heute gültige offizielle Anwerbestopp für Arbeitsmigranten, die Konsolidierung der ausländischen Wohlbevölkerung in Westdeutschland durch Familiennachzüge, Anwerbung von Vertragsarbeitern durch die DDR, 1988 bis 1991/1992 die nach dem Zusammenbruch der Sowjetunion massiv ansteigende Zuwanderung von Aussiedlern, Asylbewerbern, Kriegsflüchtlingen, neuen Arbeitsmigranten und Hochphase der Wanderungen zwischen Ost- und Westdeutschland. Die Hälfte der in Westeuropa zwischen 1989 und 1998 gestellten vier Millionen Asylanträge wurden in Deutschland gestellt (Münz und Seifert 2000). Seit 1992/1993 haben die restriktiven Regelungen des sogenannten „Asylkompromisses" den Zugang zu politischem Asyl und die Einwanderung deutschstämmiger Aussiedler erheblich verringert (Münz, Seifert et al. 1999; Bade 2001). Irreguläre Einwanderung hat in der letzten Dekade allem Anschein nach zugenommen. Ihre Erscheinungsformen reichen vom unerlaubt Eingereisten über abgelehnte, aber der Ausreisepflicht nicht nachgekommenen Asylbewerbern bis zum als Tourist eingereisten und dann irregulär beschäftigten Arbeitsmigranten (Unabhängige Kommission „Zuwanderung" 2001: 16).

Deutschlands Migrationspolitik spiegelt die allgemeine politische Situation nach der deutschen Teilung wie auch nach der Wiedervereinigung des Landes wider. Während des kalten Krieges forderten die Bundesregierungen Reisefreiheit für DDR-Bürger und die Bevölkerung der Ostblockländer als fundamentalem Ausdruck von Freiheit und Demokratie, wurden Flüchtlinge – aus kommunistischen Ländern – gastfreundlich aufgenommen. Nach dem Fall der östlichen Grenzen und dem plötzlichen Anstieg der Zuwanderungen passte Deutschland sein Migrationsregime mit einer Verfassungsänderung der neuen Situation durch empfindliche Einschränkung des Asylrechts und der privilegierten Zuwanderung von Aussiedlern, eine Verstärkung der östlichen (Schengen-) Außengrenzkontrollen und den Abschluss von diversen Rückübernahmeabkommen an und erreichte so einen Rückgang der Nettozuwanderung (Münz, Seifert et al. 1999; Thränhardt 1999). Gleichzeitig wurde 1990/1991 auf Bitten des Zentralrates der Juden eine neue Einwanderungsmöglichkeit für jüdische Immigranten aus der ehemaligen Sowjetunion geschaffen. In Wahrnehmung der historischen Verantwortung wollte die Regierung damit vor allem zur Stärkung der Lebensfähigkeit jüdischer Gemeinden in Deutschland beitragen (Unabhängige Kommission „Zuwanderung" 2001: 185). Restriktionen gegenüber den östlichen Nachbarländern, vor allem Visa-Erfordernisse für Polen, Tschechen, Slowaken und Ungarn, wurden aufgegeben, Kontingente für

Werkvertragsarbeitnehmer und Zugänge für Saisonarbeiter aus diesen und weiteren östlichen Ländern geschaffen (Thränhardt 1999). Insgesamt verfolgt Deutschland sehr unterschiedliche Politiken gegenüber den einzelnen Zuwanderergruppen, die von der freien und unterstützten Einwanderung der jüdischen Immigranten aus den GUS-Staaten, der unterstützten, aber stärker eingeschränkten Einwanderung von Spätaussiedlern, einer ‚laissez-faire'-Politik gegenüber EU-Bürgern, die Regelung des Familiennachzugs bis hin zum Ausschluss der meisten Zuwanderer aus der Dritten Welt reichen (Thränhardt 1999: 46).

Deutschland war aufgrund seiner geographischen Lage schon immer Drehscheibe der Ost-West-Wanderung und ist dies – in eingeschränktem Maße – auch während der Spaltung Europas in der zweiten Hälfte des 20. Jahrhunderts geblieben. Als Auswanderungsziel für Millionen von Volksdeutschen aus Polen, Rumänien und der ehemaligen Sowjetunion hatte Deutschland die Bedeutung eines „Quasi-Mutterlandes" (Münz, Seifert et al. 1999: 25). Nicht nur wegen bestehender ökonomischer Disparitäten ist Zuwanderung aus dem Osten Europas für Deutschland auch heute und in Zukunft von großer Relevanz. Die deutsche Sprache ist in Ländern wie Russland, Polen und der Ukraine noch immer verbreitet. Andererseits hat Deutschland keine nennenswerte koloniale Tradition. Im Gegensatz zu Englisch, Französisch, Spanisch und Portugiesisch spielt Deutsch deshalb in den Ländern des ‚Südens' keine große Rolle. Es bestehen wenige traditionelle Verbindungen zu diesen Ländern und Einwanderung von dort war relativ unbedeutend, von einigen „Asylketten" seit den achtziger Jahren abgesehen (Thränhardt 1999). Deutschlands Migrationsbeziehungen bestehen überwiegend mit dem östlichen Mittelmeerraum und seinen östlichen Nachbarstaaten. Fast alle deutschstämmigen Aussiedler, siebzig Prozent der innerhalb Europas migrierten Polen, vier Fünftel der im Ausland lebenden Türken und knapp die Hälfte der Emigranten aus dem ehemaligen Jugoslawien leben in Deutschland (Münz und Seifert 2000). So stellen Türken (28%), Personen aus dem ehemaligen Jugoslawien (10%), Italiener (8,4%), Griechen (5%) und Polen (4%) auch die größten Gruppen der ausländischen Einwandererpopulation (SOPEMI OECD 2001). Die Zuwanderung der aus Südeuropa und der seit 1964 der EG assoziierten Türkei im Verlauf der sechziger und siebziger Jahre angeworbenen Arbeitsmigranten wurde politisch und auch von den Migranten selbst als vorübergehend angesehen (Bommes 2001: 52ff). Erst der Anwerbestopp für Arbeitskräfte aus Nicht-EG-Staaten und die ihn flankierenden Maßnahmen bewirkten statt der erhofften Rückkehrwelle ihre dauerhafte Niederlassung und den Nachzug der Familien (Bommes 2001).

Der Umgang mit Einwanderung ist geprägt von politischen Widersprüchen. Trotz der De-facto-Einwanderung erklärte sich Deutschland noch bis vor kurzem kategorisch zum Nicht-Einwanderungsland. Der Begriff *Einwanderer* fand bis heute keinen Eingang in den allgemeinen Sprachgebrauch. Hinter der symbolischen Politik der Nichtanerkennung der Einwanderungsrealität vollzog sich jedoch ein politisch uneingestandener sozialer Integrationsprozess (Bade und Bommes 2000), wurden die Einwanderer in die sozialen Sicherungssysteme einbezogen und infolgedessen Leistungsverpflichtungen und Fürsorgepflichten des Sozialstaates und wachsende Bleiberechte begründet. Grundsatzurteile von Bundes- und Landesgerichten stellten klar, dass die erzeugten Rechte nicht nach politischen Opportunitätsaspekten widerrufen werden können (Bommes 2001). Aufgrund des durch den Europäischen Gerichtshof für alle Mitgliedstaaten verbindlich ausgelegten Assoziationsrechts besteht für die mit zwei Millionen Türken größte Einwandererpopulation von Drittstaatsangehörigen in Deutschland außerdem in bestimmten Konstellationen eine europarechtlich begründete Angleichung an die Rechtsstellung von Unionsbürgern im Bereich der Freizügigkeit und des Aufenthaltsrechts, des Zugangs zum Arbeitsmarkt, im Ausweisungsschutz und bei der Gewährung sozialer Leistungen (Thränhardt 1999; Beauftragte der Bundesregierung für Ausländerfragen 2000).

Die makroökonomischen Auswirkungen der Zuwanderungen in Deutschland stellen sich kurz- und auch längerfristig überwiegend positiv dar. Immigranten tragen durch erhebliche Steuer- und Beitragszahlungen spürbar zur Finanzierung der öffentlichen Güter und Leistungen bei, diese werden dagegen von ihnen nur unterproportional in Anspruch genommen (von Loeffelholz und Köpp 1998). Die demographische und wirtschaftliche Entwicklung wird auch zukünftig Einwanderung in nennenswertem Umfang erfordern: Ohne weitere Zuwanderung und bei gleichbleibender Kinderzahl wird die Bevölkerung bis zum Jahr 2030 von jetzt 82 voraussichtlich auf 70 Millionen sinken, der Anteil der Jugendlichen unter zwanzig Jahren wird von 22 Prozent auf 17 Prozent, der Anteil der Erwerbsfähigen von 58 auf 48 Prozent zurückgehen. Demgegenüber wird der Anteil der Sechzigjährigen und Älteren von 20 auf 35 Prozent ansteigen (Unabhängige Kommission „Zuwanderung" 2001). Die zukünftigen Arbeitsmarktperspektiven lassen eine Verminderung des Arbeitskräfteangebots in Deutschland um zwölf Millionen Personen erwarten. Auch bei zunehmender Erwerbsbeteiligung von Frauen und der älteren Bevölkerung würde es schätzungsweise um acht Millionen sinken. Durch Immigration in Höhe der zu erwartenden „demographischen Lücke" von jährlich 300.000 Personen kann der Rückgang bis 2030 auf sechs Millionen bzw. bei verändertem Erwerbsverhalten auf zwei Millionen reduziert werden. Insgesamt kann Einwanderung die Entwicklungen jedoch nur abmildern (von Loeffelholz und Köpp 1998).

Derzeit liegt die Arbeitslosigkeit in Deutschland mit 8,3 Prozent über dem europäischen Durchschnitt (Kommission 2002d). Vier Millionen Arbeitslosen stehen etwa 1,5 Millionen offene Stellen gegenüber. Dennoch ist sowohl sektoral als auch regional ein Arbeitskräftemangel an hochqualifizierten, gering- und nichtqualifizierten Arbeitskräften zu verzeichnen. Einwanderer sind überdurchschnittlich von Arbeitslosigkeit betroffen (von Loeffelholz und Köpp 1998). Es besteht eine beachtliche Schattenwirtschaft und erhebliche Nachfrage auf dem informellen Arbeitsmarkt vor allem in der Bauwirtschaft, im Hotel- und Gaststättengewerbe und in Privathaushalten (Thränhardt 1999: 53). Für den Arbeitsmarktzugang von Ausländern ist bislang der seit 1973 geltende Anwerbestopp bestimmend. Der Arbeitsmarktzugang ist für Drittstaatsangehörige grundsätzlich restriktiv geregelt und eng mit dem Aufenthaltsrecht verflochten („Verbot mit Erlaubnisvorbehalt"). Allerdings bestehen längst eine Vielzahl von Ausnahmeregelungen, die im Verordnungswege[6] Zugangsmöglichkeiten zu Territorium und Arbeitsmarkt eröffnen. Im Jahr 2000 kamen 340.000 Personen – überwiegend Saisonarbeitnehmer – zur befristeten Arbeitsaufnahme nach Deutschland (Unabhängige Kommission „Zuwanderung" 2001: 59).

Die öffentliche Diskussion um Zuwanderung war und ist in Deutschland noch heute stark von Emotionalität und ideologischer Lagerbildung geprägt. Vor allem der Zustrom von Armen und Flüchtlingen aus Zentral- und Osteuropa, dem Balkan und anderen Regionen wird zunehmend als Bedrohung empfunden. Dabei dominieren Szenarien einer ethnischen und kulturellen Infiltration oder Überfremdung, steigender Kriminalität, Konkurrenz auf dem Wohnungs- und Arbeitsmarkt (Münz, Seifert et al. 1999: 181; Münz und Seifert 2000) und die Befürchtung, dass Zuwanderer die vorhandenen Sozialleistungssysteme und die Infrastruktur über Gebühr beanspruchen könnten (von Loeffelholz und Köpp 1998). Ende der 80er und in den 90er Jahren erhöhte sich angesichts hoher Zugangszahlen der politische Druck, wurde die Aufnahmefähigkeit allgemein als erschöpft betrachtet (*„Das Boot ist voll"*). Latente wie gewalttätige Fremdenfeindlichkeit stieg dramatisch an und gewinnt seit dem immer festere Strukturen (Bade und Bommes 2000; Beauftragte der Bundesregierung für Ausländerfragen 2002). Dabei spielten auch „politisch vorgelebte Abwehrhaltungen und Horrorvisionen" eine erhebliche Rolle (Bade und Münz 2000: 12). Gleichzeitig besteht seit langem ein breites zivilgesellschaftliches Engagement von Initiativen, Verbänden, Kirchen, Gewerkschaften und den eher im linken Spektrum angesiedelten Parteien für die gleichberechtigte gesellschaftliche Teilhabe von Zuwanderern in Deutschland.

Ein wesentlicher Einflussfaktor bei der oft geringen Akzeptanz der Einwanderung und Gleichstellung von Immigranten in der deutschen Gesellschaft war das sich nur allmählich wandelnde, vorherrschende kollektive Selbstverständnis der Nation als ethnisch-kulturelle oder Abstammungsgesellschaft, in der Zuwanderung die Ausnahme und nicht den Regelfall bildet (Bade und Münz 2002). Dieses schlug sich bis vor kurzem nieder im Staatsangehörigkeitsrecht, das ausschließlich das Abstam-mungsrecht (*ius sanguinis*) vorsah, und den bereits erwähnten, über lange Zeit geringen Einbürgerungszahlen. Die von der CDU/CSU im Oktober 1999 entfachte gesellschaftliche Grundsatzdebatte um eine „deutsche Leitkultur" vergegenwärtigte einmal mehr „nicht aufgearbeitete Grundbefindlichkeiten der Deutschen" zu ihrer nationalen Identität

---

[6] Arbeitsgenehmigungsverordnung (ArGV), Anwerbestoppausnahmeverordnung (ASAV) und Ausländeraufenthaltsverordnung (AaV).

(Gros 2002: 108). Mit der am 1.1.2000 in Kraft getretenen Reform des Staatsangehörig-
keitsrechtes unternahm die rot-grüne Bundesregierung nach dem Regierungswechsel
einen ersten Schritt zur Anerkennung der Einwanderungsrealität, zur Entwicklung weg
von den ethno-nationalen Traditionslinien hin zur demokratischen Staatsbürgernation
(Bade und Münz 2002) und zu einer Einwanderungsgesellschaft, in dem sie das Ab-
stammungsprinzip um Elemente des *ius soli* (Geburtsprinzip)[7] ergänzte.

Migration war bislang in Deutschland ein innenpolitisches Thema; die öffentliche
Debatte über Migrationspolitik innenpolitisch fixiert. Die politischen und verwal-
tungstechnischen Zuständigkeiten sind entsprechend ausgerichtet, mit der Feder-
führung des Innenministeriums in allen wichtigen migrationspolitischen Fragen
(Angenendt 1997a). Kennzeichnend war außerdem bislang eine Zersplitterung von
Zuständigkeiten für die Betreuung der verschiedenen Zuwanderergruppen und starke
Konzentration auf administrative Kompetenzen. Die Zuständigkeiten ergeben sich
teilweise aus den föderalen Strukturen der Bundesrepublik, teilweise aus politisch
festgelegten Arbeitsteilungen (Angenendt 1997a) (z.B. Ausländerrecht als Teil des
Polizeirechts im Innenressort und Kontrolle des Arbeitsmarktzugangs nach dem Sozi-
algesetzbuch III durch die Arbeitsverwaltung). Das politische System in Deutschland
ist hoch legalistisch. Die Aufteilung der Staatsgewalt zwischen Bund und Ländern
schränkt die Handlungsmöglichkeiten sowohl des Bundes wie auch der Länderregie-
rungen ein und führt in den Aushandlungsprozessen bei Interessenkollisionen oft zu
hohen politischen Kosten (Thränhardt 1999). Kontroverse Interessen zwischen Bund,
Ländern und Kommunen bestehen regelmäßig vor allem, wenn es um die Verteilung
von mit Zuwanderung verbundenen finanziellen Belastungen geht, wie z.B. bei der
Aufnahme von Kriegsflüchtlingen in den 90er Jahren. Das Rechtssystem in Deutschland bietet ein hohes Maß an Grundrechtsschutz, einschließlich des Schutzes von
Einwandererrechten beispielsweise des Rechtes auf Familienzusammenführung oder
auf Ausweisungsschutz und das System juristischer Überprüfung ist hoch entwickelt
(Thränhardt 1999).

Allgemein kann in Deutschland, vor allem in den westlichen Bundesländern, von einer
sukzessiven Normalisierung und „Veralltäglichung" der Einwanderungserfahrung
gesprochen werden. Zuwanderung wird weithin als Normalereignis wahrgenommen,
das „weder als Beglückung noch als Katastrophe, sondern als sicherlich regulierba-
re, aber unvermeidbare soziale Begleiterscheinung der modernen Gesellschaft gilt"
(Bommes 2001: 59). Mit dieser Normalisierung geht allerdings weder eine automatische Verbesserung der Lebensverhältnisse von Migranten noch die Vermeidung
gesellschaftlicher Konflikte und sozialer Problemlagen einher. Außerdem ist das
gesellschaftliche Klima gegenüber Minderheiten insgesamt kälter geworden. Die im
November 2002 vom Bundespräsidenten und dem Sozialwissenschaftler Heitmeyer

---

[7] In Deutschland geborene Kinder werden unter bestimmten Bedingungen automatisch Deutsche, unab
hängig von der Nationalität ihrer Eltern (Beauftragte der Bundesregierung für Ausländerfragen 2000).

vorgestellte repräsentative Langzeitstudie „Deutsche Zustände" des Bielefelder Instituts für interdisziplinäre Konflikt- und Gewaltforschung spricht sogar von einem „Klima der Vergiftung". Danach kehren sich die Deutschen zunehmend von grundlegenden Werten einer liberalen Gesellschaft ab. 55 Prozent der Deutschen sind laut Studie der Auffassung, dass es zu viele Ausländer in Deutschland gibt, 28 Prozent sind dafür, dass Ausländer zurück in ihre Heimat geschickt werden sollten, wenn Arbeitsplätze knapp werden. Weit verbreitete Politikverdrossenheit und wirtschaftliche Verunsicherung hätten geringere Akzeptanz von Minderheiten und sozial Schwächeren zur Folge. Fast jeder fünfte Deutsche könnte sich von Rechtspopulisten mobilisieren lassen (Evangelischer Pressedienst 2002; Bittner 2002). Auch wenn man zu einer weniger dramatischen Einschätzung gelangt, ist die tatsächliche oder vermeintliche Stimmungslage in der Bevölkerung prägend für die Rhetorik der Politik im Umgang mit dem Thema Zuwanderung.

2.2 Politischer Diskurs und rechtlicher Rahmen

In den vergangenen Jahren hat die politische Debatte um Einwanderung einen deutlichen Wandel erfahren. Schon im Zusammenhang mit der Reform des Staatsangehörigkeitsrechts nach dem Regierungswechsel 1998 war eine öffentliche Diskussion um Einwanderung mit Forderungen nach überfälligen Gesamtkonzepten einhergegangen. Das Vorhaben stieß allerdings nicht auf ungeteilte Zustimmung in der Bevölkerung. Die Regierungsparteien mussten in nachfolgenden Landtagswahlen deutliche Verluste hinnehmen und büßten in Hessen nach einem von der CDU gegen die Reform gerichteten Wahlkampf die Regierungsmehrheit ein (Gros 2002), was die Mehrheitsverhältnisse im Bundesrat zu ihren Ungunsten veränderte und Kompromisse im Gesetzgebungsverfahren erforderlich machte. Heute wird trotz kontroverser Meinungen parteiübergreifend nicht mehr bestritten, dass Deutschland ein Einwanderungsland ist, auch wenn CDU und CSU betonen, es sei kein klassisches (Davy 2002). Ein offizieller Paradigmenwechsel von der jahrelangen Abschottung gegenüber jeglicher Arbeitsmigration bis hin zu einer parteiübergreifend geforderten Öffnung des deutschen Arbeitsmarktes für qualifizierte Arbeitskräfte deutete sich 2000 in der *Berliner Rede* des Bundespräsidenten „Ohne Angst und ohne Träumereien: Gemeinsam in Deutschland leben" (Der Bundespräsident 2000) an. Nicht mehr Anwerbestopp und Begrenzung des Zuzugs sollten fortan die Richtung bestimmen „sondern Gestaltung und Integration in einem positiv verstandenen Sinne der bewussten Steuerung und Zulassung der Zuwanderung nach Deutschland" (Renner 2001).

2.2.1 Die Greencard-Regelung

Ein wesentlicher Impuls in diese Richtung war die von Bundeskanzler Schröder im Februar 2000 anlässlich der Computermesse CEBIT angekündigte Einführung einer sogenannten *Greencard* für ausländische Spezialisten der Informations- und Kommunikationstechnologie aus Drittstaaten, die zu einer breiteren Diskussion von Einwanderung weniger als Belastung denn als Chance führte und den Anwerbestopp deutlich relativierte (Angenendt 2002b). Vor dem Hintergrund des von der Wirtschaft mit 75.000 qualifizierten Arbeitskräften in diesem Bereich angegebenen Bedarfs und verbunden mit der Forderung des Kanzlers an die Unternehmen, gleichzeitig auch deutsche arbeitslose Ingenieure für diese Tätigkeiten zu qualifizieren, sollten Computerspezialisten möglichst unbürokratisch ein Visum für einen befristeten Arbeitsaufenthalt in Deutschland bekommen. Die durch zwei Verordnungen eingeführte *Greencard*[8] ist im Gegensatz zu der namensgebenden US-amerikanischen *Greencard* erheblich restriktiver und gewährt lediglich ein zeitlich beschränktes Recht zu Arbeitszwecken, das nicht in eine dauerhafte Niederlassung münden soll (Angenendt 2002b). Sie gehört damit ebenso wie die von einigen Bundesländern zusätzlich eingeführte eigene *Blue Card* (Bayern, Hessen, Thüringen, Niedersachsen) zwar immer noch weniger in den Kontext von Einwanderungspolitik als in den einer „Art gehobener Gastarbeiterpolitik für hochqualifizierte Experten" (Bade und Münz 2000: 8). Allerdings rückte die Frage der Gestaltung von Zuwanderung als zukünftig notwendig in den Vordergrund. Zunächst wurde die Zahl der zu erteilenden Arbeitserlaubnisse auf 10.000, später auf 20.000 festgelegt. Voraussetzung für den Erwerb einer *Greencard* ist ein Hochschulabschluss der Informations- und Kommunikationstechnologie oder ein Jahresgehalt von mindestens 51.200 €. Die Arbeitserlaubnis wird für die Dauer von längstens fünf Jahren und an ein Arbeitsverhältnis geknüpft erteilt, ein Stellenwechsel ist möglich. Familienangehörige dürfen einreisen, jedoch erst nach einer Wartezeit von zwei Jahren arbeiten. Aus den genannten Gründen erwies sich die *Greencard* für die weltweit begehrten Computerspezialisten als wenig attraktiv, die deutsche Rechtslage eher als ein Standortnachteil im „Wettbewerb um die besten Köpfe" (Unabhängige Kommission „Zuwanderung" 2001: 26). Die ersten 10.000 waren erst im Oktober 2001 vergeben, etwa zur Hälfte an Personen aus Ostmitteleuropa und zu einem Fünftel an indische Staatsbürger. Es wurde auch kritisiert, dass die Regelung auf eine Berufsgruppe beschränkt blieb (Unabhängige Kommission „Zuwanderung" 2001; Angenendt 2002b).

2.2.2 Die Unabhängige Kommission „Zuwanderung"

In den folgenden Monaten brachten sich eine Vielzahl von Kommissionen und Arbeitsgruppen auf Regierungsebene, der Parteien, Verbände, Gewerkschaften, Kirchen und andere gesellschaftliche Gruppen mit migrationspolitischen Konzepten und Positionen in die öffentliche Debatte ein, die hier nicht im Detail behandelt werden können. Ziel aller Vorschläge waren Gesamtkonzeptionen, die die Zuwanderungsfrage mit anderen Themenbereichen wie Bildung, Qualifizierung, Arbeitsmarktpolitik und Familienpolitik verbinden (Beauftragte der Bundesregierung für Ausländerfragen

---

[8] Verordnung über Aufenthaltserlaubnisse für hochqualifizierte ausländische Fachkräfte der Informations- und Kommunikationstechnologie vom 11.07.2000, BGBL, 28.07.2000 und Verordnung über die Arbeitsgenehmigung für hochqualifizierte ausländische Fachkräfte der Informations- und Kommunikationstechnologie vom 25.07.2000, BGBL, 28.07.2000.

2002). Eine zentrale Rolle spielte die am 12.9.2000 vom Bundesinnenminister eingesetzte Unabhängige Kommission „Zuwanderung" unter der Leitung der früheren Bundestagspräsidentin Rita Süssmuth, deren Aufgabe es war, ein „ganzheitliches Konzept zur arbeitsmarkt- und demographisch bedingten Zuwanderung, zu notwendigen Neuregelungen im Bereich der humanitären Verpflichtungen, zur Integration und zur besseren Organisation der Zuständigkeiten und Verwaltung" vorzulegen (Süssmuth 2002: 114). Die Zusammensetzung der Kommission aus einundzwanzig Vertreter/innen verschiedenster gesellschaftlicher Gruppen, wie der Parteien, Wirtschaftsverbände, Gewerkschaften, Kirchen und aus der Wissenschaft sollte eine gesamtgesellschaftlich akzeptable Konsensfindung ermöglichen (Beauftragte der Bundesregierung für Ausländerfragen 2002). In ihrem am 4. Juli 2001 vorgestellten Bericht (Unabhängige Kommission „Zuwanderung" 2001) legte die Kommission ein Gesamtkonzept zur Gestaltung der Zuwanderung vor, das sich stark am politisch Machbaren orientierte. Sie erkannte an, dass Deutschland Zuwanderung benötigt und begründete dies mit der Veränderung der Altersstruktur der Bevölkerung und Engpässen in bestimmten Arbeitsmarktsegmenten (S. 11). Sie nahm Abstand von einer Festlegung quantitativer Obergrenzen für die gesamte Zuwanderung und wies auf die eingeschränkte Steuerungsmöglichkeit von Zuwanderung durch rechtliche und politische Verpflichtungen im Asylbereich und beim Familiennachzug hin. Eine Aufrechnung der arbeitsmarktorientierten und humanitären Zuwanderung lehnte die Kommission aufgrund der unterschiedlichen Ziele ab. Besondere Bedeutung maß sie der Integration der Zugewanderten als gesellschaftliche Aufgabe bei. Schließlich unterbreitete die Kommission Vorschläge für geeignete Verfahren zur Steuerung der Zuwanderung und Integration und für Behördenzuständigkeiten.

Kernstück der Kommissionsvorschläge war ein flexibles Zuwanderungsmodell für ausländische – vorrangig gut qualifizierte – Arbeitskräfte. Es eröffnet verschiedene Zuwanderungswege für sogenannte Engpassarbeitskräfte, die kurzfristige Arbeitsmarktknappheiten ausgleichen sollen, für Führungskräfte aus Wirtschaft, Forschung und Wissenschaft, für Existenzgründer, Auszubildende und Studierende. Außerdem wird für qualifizierte Zuwanderer die Möglichkeit vorgesehen, über ein Punktesystem, das die Integrationsfähigkeit der Einwanderer berücksichtigt, einen Daueraufenthalt zu erhalten. Für die Zulassung von Engpassarbeitskräften werden zwei Modelle vorgeschlagen: eine Engpassdiagnose und die Steuerung über eine Abgabe in Höhe von fünfzehn Prozent eines durchschnittlichen tätigkeitsbezogenen Jahresgehalts in der Branche (S. 82ff). Die einzelnen Systeme der arbeitsmarktorientierten Zuwanderung sollen zunächst mit geringen Quoten implementiert und erprobt und aufgrund der gesammelten Erfahrungen entsprechend fortentwickelt werden. Bewährte Regelungen für IT-Fachkräfte sowie für Werkvertragsarbeitnehmer und Saisonarbeitskräfte sollen fortgeführt, die Attraktivität Deutschlands für qualifizierte Zuwanderer durch verschiedene Maßnahmen, z.B. durch Vereinfachung und Beschleunigung der Verfahren erhöht werden. So soll die Aufenthalts- und Arbeitsgenehmigung künftig in einem Bescheid erteilt werden. Ein jährliches Zuwanderungsprogramm soll in Form einer Rechtsverordnung der Bundesregierung mit Zustimmung des Bundestages und des Bundesrates auf der Basis von Empfehlungen eines Zuwanderungsrates aus Experten und Vertretern gesellschaftlicher Gruppen erstellt werden. Für die dauerhafte Zuwanderung soll ein neues Bundesamt mit Bündelungsfunktion zuständig sein, dem ein neues unabhängiges Bundesforschungsinstitut angegliedert werden soll. Die befristete Zuwanderung soll mit Blick auf die Arbeitsmarktlage durch die Bundesanstalt für Arbeit koordiniert werden (Renner 2001; Unabhängige Kommission „Zuwanderung" 2001).

Zum Familiennachzug gab die Kommission unter Bezugnahme auf den entsprechenden auf europäischer Ebene vorliegenden Richtlinienentwurf differenzierte Empfehlungen (Unabhängige Kommission „Zuwanderung" 2001: 195, 250ff). Rechtsansprüche sollten ihrer Auffassung nach auf die Kernfamilie beschränkt bleiben, der Nachzug sonstiger Angehöriger im Ermessenswege gestattet werden. Dabei ging sie von einem traditionellen Familienbegriff aus, der gleichgeschlechtliche Lebensgemeinschaften nicht einschloss (Angenendt 2002b). Sie sprach sich für die Beseitigung der sogenannten Inländerdiskriminierung aus und empfahl die Anhebung des Höchstalters für den Kindernachzug von 16 auf 18 Jahre. Gegen eine Absenkung dieses Höchstalters äußerte sie erhebliche verfassungsrechtliche Bedenken.

Auch hinsichtlich arbeitsmarktorientierter Zuwanderung bezog sich die Süssmuth-Kommission ausdrücklich auf die europäische Entwicklung und zu erwartende Regelungsvorschläge und vertrat die Auffassung, dass die Europäische Union sich diesbezüglich auf Zielvorgaben und Rahmenregelungen, Kooperation und Infor-mationsaustausch beschränken sollte. Sie betrachtete ihre Empfehlungen als „Diskussionsbeiträge für den Prozess der Konsensfindung auf europäischer Ebene", erwartete im Hinblick auf das entstehende europäische Recht jedoch auch den nationalen Spielraum für eine Umsetzung des von ihr vorgelegten Konzepts. (Unabhängige Kommission „Zuwanderung" 2001: 267, 67)

In der Überzeugung, dass bestehende Gesetze nicht geeignet sind, den zu vollziehenden Paradigmenwechsel einer neuen Zuwanderungspolitik zu verankern, empfahl die Süssmuth-Kommission die „Schaffung eines Zuwanderungs- und Integrationsgesetzes des Bundes. Das neue Gesetz sollte u.a. die gesamte Arbeitsmigration regeln und den integrationspolitischen Rahmen setzen" (S. 276).

2.2.3 Das neue Zuwanderungsgesetz

Bereits im August 2001 legte das Bundesministerium des Innern einen ersten Referentenentwurf für ein Zuwanderungsgesetz vor, der zahlreiche Vorstellungen der Kommissionen und Parteien berücksichtigte, jedoch hinsichtlich der aktiven Steuerung von Zuwanderung und bei der humanitären Aufnahme weit hinter den Vorstellungen der Süssmuth-Kommission zurückblieb. Ein nach Intervention des Koalitionspartners überarbeiteter Entwurf wurde am 7. November 2001 im Kabinett verabschiedet und im

Dezember 2001 in Bundestag und Bundesrat in erster Lesung beraten. Nach weiteren Überarbeitungen, die einen Teil von zahlreichen Änderungsanträgen des Bundesrates und die Ergebnisse einer Expertenanhörung im Innenausschuss des Bundesrates berücksichtigte, verabschiedete der Bundestag am 1. März und der Bundesrat am 22. März 2002 das Gesetzespaket. Das Zuwanderungsgesetz wurde am 20. Juni vom Bundespräsidenten ausgefertigt und am 25. Juni 2002 im Bundesgesetzblatt verkündet (Beauftragte der Bundesregierung für Ausländerfragen 2002; Bundesgesetzblatt 2002). Es nimmt eine grundlegende Novellierung des bestehenden Ausländerrechtes vor, umfasst außerdem die Neufassung des Freizügigkeitsgesetzes für EU-Bürger sowie Änderungen des Asylverfahrensrechts sowie weiterer Gesetze und soll zum 1. Januar 2003 in Kraft treten. Eine Erörterung des Gesetzes ist hier nur bezogen auf die unter I.1 eingegrenzten Aspekte möglich.

Das neue Artikelgesetz fasst das für Drittstaatsangehörige geltende Aufenthaltsrecht und Arbeitserlaubnisrecht in einem Aufenthaltsgesetz (AufenthG) zusammen. Die Zahl der Aufenthaltstitel wird auf zwei, die befristete Aufenthaltserlaubnis und die unbefristete Niederlassungserlaubnis reduziert, die Aufenthaltserlaubnis für EU-Bürger wird angesichts der bestehenden Freizügigkeit abgeschafft (Angenendt 2002b). Für Arbeitskräfte aus Drittstaaten stehen drei Zuwanderungsmöglichkeiten zur Verfügung, zum Ausgleich von Engpässen am Arbeitsmarkt (§18), eine Möglichkeit für Hochqualifizierte (§19) sowie ein Auswahlverfahren in Form eines Punktesystems (§ 20), für das die Bundesanstalt für Arbeit und das neue Bundesamt für Migration und Flüchtlinge[9] den Bedarf feststellen müssen. Nur die im Auswahlverfahren zu vergebenden Niederlassungserlaubnisse werden quotiert sein. Ausländischen Studienabsolventen soll mit Zustimmung der Arbeitsverwaltung die Arbeitsaufnahme erlaubt werden. Gering oder nicht Qualifizierte sind von der Zuwanderung für Engpassarbeitskräfte nicht zwingend ausgeschlossen. Die Engpass-Zuwanderung soll zeitlich befristet stattfinden, eine Aufenthaltsverfestigung ist jedoch z.B. über das Auswahlverfahren möglich. Hochqualifizierte und Zuwanderer nach dem Auswahlverfahren erhalten von Anfang an eine Niederlassungserlaubnis. Integrationspolitisch neu ist ebenfalls die Festlegung des Mindestrahmens für ein staatliches Integrationsangebot, das dauerhaft in Deutschland lebenden Einwanderern einen Anspruch auf Teilnahme an einem Integrationskurs gewährt und bei fehlenden Deutschkenntnissen und einem Aufenthalt von weniger als sechs Jahren zur Teilnahme an einem solchen Angebot verpflichtet (§ 43ff). Die Regelungen entsprechen im Wesentlichen den Vorschlägen der Unabhängigen Kommission „Zuwanderung". Hinsichtlich der Aufenthaltsverfestigung für Arbeitkräfte nach einer Vorrangprüfung am Arbeitsmarkt (§ 18) werden im Vergleich zur alten Rechtslage künftig höhere Anforderungen an Sprachkenntnisse und Kenntnisse der deutschen Rechts- und Gesellschaftsordnung gestellt (Davy 2002).

---

[9] Diese dem Bundesministerium des Innern nachgeordnete Behörde ist inzwischen aus dem ehemaligen Bundesamt für die Anerkennung ausländischer Flüchtlinge hervorgegangen. Der entsprechende § 75 AufenthG trat gemäß Art. 15 Abs. 2 Zuwanderungsgesetz bereits am 1.7.2003 in Kraft.

Die Regelungen zum Familiennachzug wurden nur punktuell inhaltlich verändert. Für Flüchtlinge nach der Genfer Flüchtlingskonvention bringt das Gesetz eine Klarstellung ihres Anspruches auf Familienzusammenführung. Eine Abschaffung der Inländerdiskriminierung war nicht konsensfähig. In der öffentlichen Diskussion war vor allem das Kindernachzugsalter eines der zentralen Themen, an denen das Zuwanderungsgesetz im Bundesrat zu scheitern drohte. Eine sowohl von den Regierungsfraktionen wie auch von der Zuwanderungskommission angestrebte Anhebung der Altersgrenze von bisher sechzehn auf das auf europäischer Ebene übliche Niveau von achtzehn Jahren war aufgrund von Forderungen der CDU / CSU nach strikter Begrenzung auf zehn und sechs Jahre nicht durchsetzbar. Argumentiert wurde insbesondere mit einer Vielzahl, vor allem türkischer Eltern die ihre Kinder im Ausland aufwachsen ließen, sie erst zu spät nach Deutschland holen würden, und damit ihre Integration in Deutschland behinderten (Angenendt 2002b; Beauftragte der Bundesregierung für Ausländerfragen 2002: 104ff).[10] Das Zuwanderungsgesetz sieht nun als Kompromiss eine Differenzierung des Nachzugsalters vor: Nach § 32 AufenthG besteht in einer Reihe von Konstellationen ein Anspruch auf Nachzug bis zum 18. Lebensjahr, beim Nachzug zu Deutschen, Asylberechtigten, Hochqualifizierten oder im Rahmen des Auswahlverfahrens Zugewanderten und für Kinder die gemeinsam mit ihren Eltern nach Deutschland kommen. Ansonsten ist die Nachzugsberechtigung daran gebunden, dass das Kind noch nicht zwölf Jahre alt ist, oder dass es über ausreichende Deutschkenntnisse verfügt, wenn dies der Fall ist. Dass diese Regeln des Familiennachzugs im Einklang mit der Verfassung und der Europäischen Menschenrechtskonvention stehen, wird angezweifelt (Davy 2002).

In der innenpolitischen Debatte um das Zuwanderungsgesetz entfernten sich die politischen Lager vom ursprünglich parteiübergreifenden Konsens über die grundsätzliche Notwendigkeit einer Neugestaltung der Einwanderungspolitik, sank die Bereitschaft zur Konsenssuche. Mit der sich verschlechternden wirtschaftlichen Lage, den angestiegenen Insolvenzen, steigenden Arbeitslosenzahlen und den bevorstehenden Bundestags- und Landtagswahlen schlug das Klima um. Parteitaktische Überlegungen traten in den Vordergrund (Angenendt 2002b; Süssmuth 2002). Es bestand Unsicherheit darüber, ob man den Wähler/innen eine Modernisierung der Einwanderungspolitik zumuten könne; bei der Bundesregierung machte sich auch das politische Trauma des Verlustes von Mehrheiten (siehe 2.2) bemerkbar. Die Opposition behauptete eine Öffnung für massenhafte Zuwanderung durch das Gesetz statt einer eindeutigen Ausrichtung auf Begrenzung als Abwehr und lehnte auch den teilweise in ihrem Sinne nachgebesserten Gesetzentwurf ab. Die letztlich von der Stimmgabe des CDU/SPD-regierten Landes Brandenburg abhängige Abstimmung

---

[10] Anhand des verfügbaren Datenmaterials konnte eine tatsächliche Relevanz solcher Fälle nicht nachgewiesen werden. Der Kindergeldbezug im Ausland belief sich insgesamt auf 8000 Kinder und aus gestellte Visa für 12–16-jährige wiesen insgesamt 6000 Kinder dieser Altersgruppe auf (Süssmuth 2002).

über das Zuwanderungsgesetz im Bundesrat war „eine der tumultartigsten" in dessen Geschichte. Die uneinheitliche Stimmenabgabe Brandenburgs, bei der das Ja des Ministerpräsidenten den Ausschlag gegen das Nein des Innenministers gab, wurde vom Bundesratspräsidenten (SPD) als Ja-Stimme gewertet (Süssmuth 2002). Sechs unionsregierte Länder ließen das rechtmäßige Zustandekommen des Gesetzes vom Bundesverfassungsgericht überprüfen. Verfahrensfragen des Gesetzge-bungsverfahren überlagern nun die Inhalte des Gesetzes.

Mit seiner Entscheidung vom 18.12.2002 gab das Bundesverfassungsgericht der Klage statt und stellte die Nichtigkeit des Zuwanderungsgesetzes fest (Bundesverfassungsgericht 2002). Diese Entscheidung hat die Wiederholung des Gesetzgebungsverfahrens und der Abstimmung im Bundesrat zur Folge, in dem die CDU/FDP-(mit)regierten Länder inzwischen die Mehrheit halten. Damit ist das Inkrafttreten des von Verbänden, Kirchen, Arbeitgebern und Gewerkschaften befürworteten Zuwanderungsgesetzes in der vorliegenden Form gescheitert. (Spiegel Online 2002; Süddeutsche Zeitung 2002). CDU und CSU erwarten nunmehr Zugeständnisse zur deutlichen Begrenzung der Zuwanderung. Sie lehnen unter anderem die generelle Aufhebung des Anwerbestopps für Ausländer und das Punktemodell zur Einwanderung aus demographischen Gründen ab (Der Tagesspiegel 2002b; sueddeutsche.de 2002).

2.3 Positionen Deutschlands in der europäischen Einwanderungsdebatte

Als größter Mitgliedstaat und eines der größten Einwanderungsländer Europas spielt Deutschland in der europäischen Einwanderungspolitik eine exponierte Rolle.

Seine geographische Lage, historische Beziehungen und Verpflichtungen gegenüber den mittel- und osteuropäischen Ländern, vor allem gegenüber Polen prägen Deutschlands Positionen im Zusammenhang mit der bevorstehenden Osterweiterung der Union. An dieser Stelle seien die Annahmen über nach dem Beitritt zu erwartende Arbeitsmigrationen aus den MOE-Ländern als eine Determinante deutscher Einwanderungspolitik und die mit ihnen verbundenen Forderungen kurz erwähnt, auch wenn sie thematisch zum Bereich der Freizügigkeit von Unionsbürgern gehören. Deutschland hat in den Verhandlungen von Kommission und Mitgliedstaaten eine allgemeine, die Freizügigkeit der neuen Unionsbürger einschränkende Übergangsfrist von fünf Jahren durchgesetzt, die nach zwei Jahren überprüft werden soll. Während dieser Übergangsfrist können die jetzigen Mitgliedstaaten den Zugang zu ihren Arbeitsmärkten national regeln. Nach Ablauf der fünf Jahre kann eine zusätzliche zweijährige Übergangsfrist beansprucht werden (Apap 2002; Fassmann und Münz 2002). Die deutsche Position basiert auf der Annahme, dass mögliche Ost-West-Wanderungen zwar aus gesamteuropäischer Perspektive keine Bedrohung darstellen, sich jedoch auf einzelne grenznahe Arbeitsmärkte mit erheblichen Lohnunterschieden – zumindest kurzfristig – nachteilig auswirken können, und trägt Ängsten in der Bevölkerung vor unkontrollierter Zuwanderung Rechnung (Fassmann und Münz 2002). Im Kontext europäischer Einwanderungspolitik ist außerdem darauf hinzuweisen, dass sich mit der Osterweiterung die deutsche „Schengen-Außengrenze" zu Polen und Tschechien in die Beitrittsländer verlagern wird, da diese zur vollständigen Übernahme des Schengen-Besitzstandes aufgefordert sind (Angenendt 2002a).

Hinsichtlich der Gestaltungsvorschläge der Kommission seit Amsterdam im Bereich der legalen Einwanderung hat Deutschland insgesamt eine Blockadehaltung eingenommen (Jennen, Stadlmayer et al. 2000; Hausmann, 2001). Hingegen sprach sich der deutsche Bundeskanzler im Vorfeld des Europäischen Rates von Sevilla im Juni 2002 vor allem für eine wirksamere Kontrolle der Schengen-Außengrenzen und die Kontrolle und Begrenzung der Zuwanderung aus (Der Tagesspiegel 2002a; Thibaut 2002).

Basis der derzeitigen deutschen Verhandlungsposition auf europäischer Ebene ist bislang das Zuwanderungsgesetz. Dies ergibt sich sowohl aus dem aktuellen Bericht der Ausländerbeauftragten der Bundesregierung (Beauftragte der Bundesregierung für Ausländerfragen 2002) wie auch aus den in den Ratsarbeitsgruppen zu den einzelnen Kommissionsvorschlägen angemeldeten Vorbehalten.[11] Es ist noch offen, in welcher Weise das Scheitern des Gesetzes vor dem Bundesverfassungsgericht die Verhandlungen Deutschlands auf europäischer Ebene beeinflussen wird. Aufgrund der innenpolitischen Konstellationen ist von einem eher restriktiveren Einfluss auszugehen.

2.3.1 Familienzusammenführung

5,4 Millionen von insgesamt 10,4 Millionen Drittstaatsangehörigen in der EU leben in Deutschland (Feldgen 1999: 319). Der Nachzug von Familienangehörigen ist hier ein zentraler Weg der Einwanderung. In den 70er und 80er Jahren umfasste er schätzungsweise mehr als die Hälfte der gesamten Zuwanderung (Unabhängige Kommission „Zuwanderung" 2001: 15). Der 1999 von der Europäischen Kommission vorgelegte Richtlinienentwurf über das Recht auf Familienzusammenführung (siehe II.3.4.2) war für die Bundesregierung daher von großer Bedeutung und stieß von Anfang an auf massiven Widerstand, da einige der vorgesehenen Regelungen restriktiver, die meisten vor allem aber großzügiger waren als das deutsche Recht. Das Bundesinnenministerium kritisierte, dass einzelne Vorschriften zu einer erheblichen Ausweitung des Potentials der Nachzugsberechtigten und gegebenenfalls auch zu einer Belastung der öffentlichen Haushalte führen könnten (Sonntag-Wolgast 2000). Als inakzeptabel wurden vor allem

---

[11] Die Verfasserin entnahm dies vor allem den ihr zur Verfügung stehenden nicht öffentlichen Verhandlungsprotokollen der Ratsarbeitsgruppe Migration und Rückführung, auf deren Auswertung sich auch die nachfolgende Darlegung der deutschen Positionen zu den einzelnen Vorschlägen stützt.

der weit ausgelegte Familienbegriff angesehen, nach dem Verwandte der aufsteigenden Linie und volljährige Kinder, die sich nicht selbst unterhalten können, einen Anspruch auf Familienzusammenführung haben sollten. Nach Auffassung Deutschlands sollten diese nur im Rahmen des Ermessens nachziehen dürfen. Auch das vorgesehene, im deutschen Recht auf sechzehn Jahre beschränkte, Kindernachzugsalter von achtzehn Jahren wurde abgelehnt. Der Vorschlag der Kommission, eigene Staatsangehörige bei der Familienzusammenführung nicht schlechter zu stellen als Unionsbürger, die von ihrer Freizügigkeit Gebrauch gemacht haben (Inländerdiskriminierung) wurde ebenfalls zurückgewiesen, da größere Nachzugspotentiale insbesondere auch im Bereich der Familienangehörigen von Spätaussiedlern befürchtet wurden. Wegen der zu erwartenden starken Arbeitsmarktbelastung wurde auch der sofortige Arbeitsmarktzugang für nachgezogene Personen zu den gleichen Bedingungen wie für EU-Bürger kritisiert (Sonntag-Wolgast 2000). Das Bundesministerium des Innern sprach sich für Regelungen mit größeren Handlungsspielräumen für die Mitgliedstaaten aus, die der nationalen Zuwanderungssituation besser gerecht würden und für eine „fakultative Besitzstandsklausel", die die Beibehaltung oder Schaffung günstigerer nationaler Regelungen erlaubt (Sonntag-Wolgast 2000: 17).

Nach mehrjährigen erfolglosen Verhandlungen hat die Kommission in ihrer neuesten Fassung des Richtlinienentwurfes den Mitgliedstaaten generell mehr Spielraum eingeräumt, strittige Fragen punktuell ausgeklammert und ist den deutschen Interessen in verschiedenen Punkten deutlich entgegengekommen. So hat sie diesen im Hinblick auf den Kindernachzug durch eine Regelung Rechnung getragen, die speziell auf die Regelung im neuen deutschen Zuwanderungsgesetz zugeschnitten ist. Abweichend von der grundsätzlichen Altersgrenze der Volljährigkeit wird den Mitgliedstaaten gestattet, bei einem über zwölf Jahre alten Kind den Familienachzug zusätzlich von einem Integrationskriterium (z.B. ausreichenden Sprachkenntnissen) abhängig zu machen. Die Kommission hat damit in besonderem Maße auf die nationale Diskussion in Deutschland Rücksicht genommen (Beauftragte der Bundesregierung für Ausländerfragen 2002; Gack und Monath 2002). Auch Unionsbürger, die von ihrem Freizügigkeitsrecht keinen Gebrauch machen, wurden aus dem Anwendungsbereich der Richtlinie nun ausgenommen und sollen in gesonderten Richtlinien geregelt werden. Hinsichtlich der zu erteilenden Aufenthaltsgenehmigung für nachgezogene Familienangehörige wurde das deutsche Recht ebenfalls berücksichtigt[12] und auch der Zugang zum Arbeitsmarkt entspricht nunmehr der entsprechenden Regelung durch das Zuwanderungsgesetz (Beauftragte der Bundesregierung für Ausländerfragen 2002). Dennoch bestehen in den Ratsverhandlungen nach wie vor deutsche Vorbehalte.

---

[12] Nach dem ursprünglichen Entwurf hätte Angehörigen von Personen mit unbefristeter Aufenthaltserlaubnis sofort ein unbefristetes Aufenthaltsrecht erteilt werden müssen, nun wird nach deutschem Recht ein befristetes Aufenthaltsrecht gewährt, das sich verfestigen kann.

2.3.2 Behandlung von Drittstaatsangehörigen

Bedeutsam für die deutsche Haltung in Bezug auf die zur Sicherstellung einer gerechten Behandlung der in der Europäischen Union lebenden Drittstaatsangehörigen vorgelegten Kommissionsvorschläge ist die Tatsache, dass drei Viertel der in Deutschland lebenden Ausländer Drittstaatsangehörige sind (Sonntag-Wolgast 2000). Für die größte Gruppe der etwa zwei Millionen Personen türkischer Staatsangehörigkeit besteht außerdem bereits aufgrund des Assoziationsrechts und dessen verbindliche Auslegung durch den Europäischen Gerichtshof eine starke Harmonisierung im Sinne einer weitgehenden Angleichung an die Rechtstellung von Unionsbürgern (Thränhardt 1999; Groenendijk und Guild 2001).

Gegen den zentralen Richtlinienvorschlag betreffend den Status der langfristig aufenthaltsberechtigten Drittstaatsangehörigen (Kommission 2001d) hat Deutschland massive Vorbehalte angemeldet. Diese beziehen sich zum einen auf die Bedingungen zur Erlangung des Status eines Daueraufenthaltsberechtigten im ersten Aufnahmestaat. Hier betont die Bundesregierung, dass die Zugangsschwelle zu einem Daueraufenthaltrecht, das Voraussetzung für eine Weiterwanderung in einen anderen Mitgliedstaat ist, insbesondere bei Geringqualifizierten nicht zu niedrig angesetzt werden dürfe, da sonst eine spätere Belastung der öffentlichen Kassen (Sozialhilfe und Arbeitslosenunterstützung) zu befürchten sei. Insbesondere müsse die Voraussetzung der Sicherung fester Einkünfte kohärent zum Zuwanderungsgesetz ausgestaltet sein. Ein Problem stellen dabei aus deutscher Sicht ursprünglich illegal eingereiste bzw. illegal aufhältige Drittstaatsangehörige dar, deren Aufenthalt durch nationale Maßnahmen legalisiert worden ist. Vorbehalte hat Deutschland auch hinsichtlich der individuellen Rechte, die die Richtlinie an den Daueraufenthaltsstatus knüpft (Beauftragte der Bundesregierung für Ausländerfragen 2002: 120), insbesondere was den mit eigenen Staatsbürgern gleichberechtigten Zugang zum Arbeitsmarkt und den Anspruch auf soziale Sicherheit anbelangt. Auf deutschen Widerstand treffen zum anderen die vorgesehenen Regelungen zur Möglichkeit, in einen zweiten Mitgliedstaat „weiterzuwandern". Zwar wird das Recht auf Mobilität grundsätzlich befürwortet, jedoch soll dies von bestimmten Voraussetzungen abhängig gemacht werden können. Aus deutscher Sicht besteht die Notwendigkeit, den Export von Sozialhilfeleistungen in andere Mitgliedstaaten zu vermeiden. Deutschland lehnt auch die vorgesehene automatische Übertragung des Rechts auf Ausübung einer Erwerbstätigkeit vom ersten auf den zweiten Mitgliedstaat ab und vertritt die Position, es müsse den Mitgliedstaaten das Recht vorbehalten bleiben, den Zugang zu ihrem Arbeitsmarkt national zu regeln. Daher sollten langfristig Aufenthaltsberechtigte, auch die vom zweiten Mitgliedstaat festgelegten Bestimmungen erfüllen. Gemeinsam mit den Niederlanden und Österreich hat Deutschland Ende September 2002 unter Hinweis auf nationales Recht einen Vorschlag unterbreitet, der den Mitgliedstaaten erlaubt, die Gewährung des Status eines Daueraufenthaltsberechtigten und auch die Ausübung des Rechts auf Wohnsitznahme im zweiten Mitgliedstaat von der Erfüllung von Integrationskriterien (ausreichende Sprachkenntnisse und Grundkenntnisse der Kultur, der Rechts-, Wirtschafts- und Gesellschaftsordnung) und der Teilnahme an entsprechenden Programmen abhängig zu machen. Drittstaatsangehörige sollen auch zur Übernahme der Kosten solcher Integrationskurse verpflichtet werden können. Alle weiteren hier nicht abschließend benannten Vorbehalte erhält Deutschland in den Ratsverhandlungen weiterhin aufrecht.

Was die Einbeziehung von Drittstaatsangehörigen in die europäische Koordinierung der Systeme der sozialen Sicherheit anbelangt (Kommission 2002f) wurden die Vorbehalte bezüglich der Familienleistungen aufgegeben, nachdem Deutschland ausdrücklich erlaubt wird, besondere im nationalen Recht enthaltene aufenthaltsrechtliche Anforderungen beizubehalten [(Beauftragte der Bundesregierung für Ausländerfragen 2002: 185).

Es fällt auf, dass die deutsche Position vor allem von Befürchtungen massenhafter unerwünschter Einwanderung in die sozialen Sicherungssysteme und eines Verlustes der nationalen Kontrolle des Arbeitsmarktes gegenüber Drittstaatsangehörigen bestimmt wird. Dabei bleibt außer acht, dass auch Unionsbürger nicht ohne weiteres ihren Aufenthaltsstaat wechseln, was erst recht für Drittstaatsangehörige gelten dürfte, die oft erst mühsam in ihrem Aufenthaltsland heimisch geworden sind. Dass die Richtlinie auch für in Deutschland lebende Drittstaatsangehörige mit Daueraufenthalt die Möglichkeit bietet, sich in andere Mitgliedstaaten zu bewegen, findet dabei wenig Berücksichtigung (Beauftragte der Bundesregierung für Ausländerfragen 2002).

2.3.3 Zugang zum Arbeitsmarkt

Auch der im Bereich arbeitsmarktbezogener Einwanderung von der Kommission unterbreitete Richtlinienvorschlag (Kommission 2001f) stößt in Deutschland auf massiven Widerstand. Obgleich der Vorschlag ein hohes Maß an nationalen Gestaltungsmöglichkeiten offen hält, bestehen aus deutscher Sicht, trotz einer möglichen offeneren Haltung mit Inkrafttreten des Zuwanderungsgesetzes, erhebliche Vorbehalte: Die im Zuwanderungsgesetz vorgesehene Auswahl nach einem Punktesystem, das Sprachkenntnisse und andere Integrationserfordernisse berücksichtigt (siehe 2.2.3) ist im Kommissionsvorschlag nicht enthalten (Hailbronner 2002). Deutschland hat daher im April 2002 einen Formulierungsvorschlag zur Aufnahme eines solchen Auswahlverfahrens in die Ratsverhandlungen eingebracht. Weitere Vorbehalte betreffen unter anderem die Besonderheiten des dualen Ausbildungssystems, wonach Auszubildende als Arbeitnehmer gelten. Von Bedeutung für die deutsche Verhandlungsposition ist vor allem die ablehnende Haltung des Bundesrates. Mit Beschluss vom 01. März 2002 (Bundesrat 2002) bestreitet dieser grundsätzlich eine Gemeinschaftskompetenz zur Regelung des Zugangs von Drittstaatsangehörigen zum Arbeitsmarkt und bittet die Bundesregierung den Richtlinienvorschlag sowie entsprechende Regelungen in anderen Richtlinienentwürfen abzulehnen. Die Mitgliedstaaten müssten in eigener

Kompetenz entscheiden können, in welchem Umfang Zugang zum Arbeitsmarkt gewährt wird. Eine Notwendigkeit europäischer Regelungen wird nicht gesehen, zumal es keinen europäischen Arbeitsmarkt gebe. Auch wenn wachsende Flexibilitätsanforderungen gegebenenfalls Anpassungsbedarf bestehender unterschiedlicher Regelungen der Mitgliedstaaten erforderten, so müsse dies in der Zuständigkeit der Mitgliedstaaten geschehen. Der Bundesrat bekräftigte seine Auffassung, Zuwanderung in die Union sei zu begrenzen und unter Einbeziehung der Integrationsprobleme zu steuern. Eine auf Dauer angelegte Zuwanderung nicht oder gering Qualifizierter könne nicht hingenommen werden. Das weitere Vorgehen Deutschlands ist aufgrund der innenpolitischen Brisanz der Richtlinie und den noch ausstehenden Auswirkungen der Bundesverfassungsgerichtsentscheidung vom 18.12.2002 ungewiss.

Eine deutsche Position hinsichtlich des Kommissionsvorschlages für die Einreise von Drittstaatsangehörigen zu Studienzwecken vom Oktober 2002 (Kommission 2002e) ist bis auf erste Reaktionen des Bundesinnenministers noch nicht bekannt, der die unzureichende Berücksichtigung zur Terrorismusbekämpfung relevanter Aspekte kritisierte (Deutsche Presseagentur 2002b).

3. Einwanderungspolitik in Spanien

3.1 Vom Emigrations- zum Einwanderungsland

Einwanderung ist ein relativ junges Phänomen in Spanien, einem Land, das als Kolonialmacht und später als Arbeitskraftreserve für Industrieländer über fünfhundert Jahre lang Siedler, politische Exilanten und Wirtschaftsmigranten in die Welt exportierte, aber auch erhebliche Binnenmigrationen aus den südlichen Regionen in die Hauptstadt sowie in die wirtschaftlich entwickelteren Regionen Katalonien und das Baskenland erlebte (Casey 1998). Allein zwischen 1882 und 1990 emigrierten etwa sieben Millionen Spanier. Die zunehmende Krise in der Landwirtschaft, postkoloniale und sprachliche Bezüge zu den Zielländern und das dortige ökonomische Wachstum ließen die Menschen zunächst auf den amerikanischen Kontinent auswandern, vor allem nach Argentinien, Venezuela, Uruguay und nach Kuba. Mit dem Ausbruch des spanischen Bürgerkrieges nahm diese transkontinentale Emigration jedoch erheblich ab (Bover und Velilla 1999; Santel 2001). In einer zweiten Phase zwischen 1950 und 1973 waren die Arbeitskräfte anwerbenden westeuropäischen Industriestaaten Zielländer der Emigration, insbesondere Deutschland, Frankreich und die Schweiz, in die über diesen Zeitraum schätzungsweise 100.000 Spanier jährlich einwanderten (Bover und Velilla 1999). Diese Wanderungen wurden durch die wirtschaftliche Krise 1973 und den mit ihr einhergehenden Anwerbestopps maßgeblich eingeschränkt, so dass die nachfolgende Phase zwar noch von fortdauernder, aber bereits rückläufiger Emigration und von Rückwanderungen spanischer Arbeitskräfte gekennzeichnet war (Santel 2001).

Erst seit Mitte der 80er Jahre findet in Spanien Zuwanderung ausländischer Immigranten statt. Neben nordeuropäischen Pensionären und Dauertouristen, Unternehmern und hochqualifizierten Arbeitskräften, sind dies in zunehmendem Maße auch gering und nicht qualifizierte Einwanderer aus Entwicklungsländern (Casey 1998). Ende 2000 waren in Spanien eine Million Einwanderer registriert, was einem Bevölkerungsanteil von 2,5% entspricht, davon waren fast 50% Bürger anderer EU-Staaten. Die ausländische Bevölkerung ist den vergangenen Jahren schneller als in anderen EU-Ländern angestiegen und hat sich in den letzten fünf Jahren verdoppelt. Derzeit leben 1.243.000 Ausländer legal in Spanien, davon etwa 70% Drittstaatsangehörige. Der Ausländeranteil beträgt aktuell 3,1 % und liegt noch immer erheblich unter dem europäischen Durchschnitt (SOPEMI OECD 2001; González Enríquez 2002). Die meisten Immigranten leben in Madrid und Barcelona und in den ländlichen Gebieten am Mittelmeer Almeria, Murcia, Valencia und Alicante (González Enríquez 2002).

Für die Einwanderungen nach Spanien sind die historischen Beziehungen zu Lateinamerika und die mit ihnen verbundenen Migrationspotentiale aber auch die spezifische geopolitische Lage an der südlichen Außengrenze der Europäischen Union, in unmittelbarer Nachbarschaft zum nördlichen Afrika als Region mit hoher Auswanderungsbereitschaft und Transitraum für Süd-Nord-Migrationen, und Spaniens Rolle als Brücke in die islamisch-arabische Welt von zentraler Bedeutung (Santel 2001; Sotelo 2001). Die größten Zuwanderergruppen stammen mit ca. 40% aus Marokko, gefolgt von Ecuador (8,4%), Peru (7,3%) und China (6,7%) und weisen eine sehr junge Altersstruktur auf. Die Zuwanderung von Asylbewerbern nach Spanien spielt eine eher untergeordnete Rolle mit durchschnittlich 5.000 Asylanträgen jährlich in den 90er Jahren, die 1999 auf 8.400 Anträge angestiegen war und von denen 96% abgelehnt wurden (SOPEMI OECD 2001).

Neue politische Konflikte, Wirtschaftskrisen und wachsender demographischer Druck im Mittleren Osten und dem nördlichen Afrika führten seit den 80er Jahren zu neuer Migration nach Frankreich, Griechenland, Spanien und Portugal (Münz und Seifert 2000). Neben solchen Push-Faktoren waren der Übergang Spaniens zur Demokratie, sein Beitritt zur Europäischen Union 1986 und vor allem das schnelle Wirtschaftswachstum (1999: 5,5%, 2000: 4,2%) und die damit verbundene Arbeitsmarktnachfrage als Pull-Faktoren entscheidend für die neue Einwanderung (Santel 2001; Barros, Lahlou et al. 2002; Carrillo 2002). Trotz der höchsten Arbeitslosenquote in der Union von 1999 fast 16% und 2002 noch immer 11,3% (SOPEMI OECD 2001; Kommission 2002d) weist der Arbeitsmarkt in bestimmten Sektoren, besonders in der Landwirtschaft und im Dienstleistungsbereich Arbeitskräftemangel und damit Nischen für ausländische Arbeitskräfte auf, regional vor allem im Süden und Osten Spaniens. Es besteht eine große Schattenwirtschaft mit einer erheblichen Nachfrage auf dem informellen Arbeitsmarkt, z.B. in privaten Haushalten, im Obst- und Gemüseanbau in Almeria, Murcia und Levante oder auf den Erdbeerfeldern Huelvas (Casey 1998; González Enríquez 2002).

Die demographische Entwicklung ist, wie in den anderen europäischen Mitgliedstaaten, von Alterung und Rückgang der Bevölkerung gekennzeichnet. Im europäischen Vergleich ist die Geburtenrate in Spanien mit 1,2 Kindern je Frau am niedrigsten (Unabhängige Kommission „Zuwanderung" 2001: 26).

Der Beitritt Spaniens zur Europäischen Union 1986 brachte auch migrationspolitische Implikationen. Das in hohem Maße vom Tourismus abhängige Urlaubsland war zuvor an möglichst unbürokratischen Einreisebestimmungen interessiert und hatte bis in die achtziger Jahre hinein auf systematische Personenkontrollen an den Außengrenzen und eine Visumspflicht für viele Länder verzichtet. Im Vorfeld des Binnenmarktes und mit der Einbindung in den unter II.2 dargestellten Schengen-Prozess hat Spanien kontrollpolitisch zu den anderen Schengen-Staaten aufgeschlossen, bestrebt sein Image als Einfallstor für irreguläre Einwanderer aus dem Maghreb und der Südsahara in die Europäische Union zu korrigieren (Santel 2001). Die gemeinsame Einreise- und Visumspolitik führte unter anderem 1991 auch zur Einführung der Visumspflicht für Staatsangehörige aus dem Maghreb, Peru und der Dominikanischen Republik (Casey 1998: 129). Faktisch hat in den vergangenen Jahren irreguläre Einwanderung in Spanien deutlich zugenommen. Die meisten dieser Einwanderer reisten auf legalem

Wege ein und blieben als irreguläre Arbeitskräfte. Nur ein geringer Teil kommt im Zuge illegalen Grenzübertrittes, in so genannten *pateras* (kleine Fischerboote) über den Seeweg von Marokko durch die Straße von Gibraltar an die Küsten Andalusiens, auf die Kanarischen Inseln oder auf dem Landweg in die spanischen Enklaven Ceuta und Melilla in Nordafrika und von dort aus auf die iberische Halbinsel (Gillespie 2001; González Enríquez 2002). Doch es sind vornehmlich diese Einwanderer, die das Bild von Immigration in der öffentlichen Wahrnehmung in Spanien prägen. Aufgriffe von oftmals durch kriminelle, auch im Drogenschmuggel aktive Schleusernetze beförderte Migranten oder auf tragische Weise bei dem Versuch, nach Spanien einzureisen, ums Leben gekommene Menschen sind täglich in den Medien präsent. Jede Woche werden von der Guardia Civil Hunderte von Einwanderern an den Küsten aufgegriffen. Inoffiziellen Schätzungen zufolge sterben jährlich bis zu tausend Menschen auf diesem Weg von Afrika nach Spanien (Flottau, Schlamp et al. 2002; Torres 2002). Der Migrationsdruck aus dem Süden wird als hoch erlebt. Die spanische Regierung hat inzwischen die Enklaven Ceuta und Melilla mit finanzieller Unterstützung der Europäischen Union mit hohen Zäunen und Grenzbefestigungen versehen und mit ihrem *Plan Sur* von 1998 eine weitere Aufrüstung der Südgrenze mit Radar- und Nachtsichtgeräten, Helikoptern, Patrouillenbooten, einer Aufstockung des Personals und der Einrichtung von Spezialeinheiten vorgenommen (Gillespie 2001; Barros, Lahlou et al. 2002).

Marokko kommt in diesem Zusammenhang als Transitland für die verschiedensten Migrantengruppen und als Hauptherkunftsland von Einwanderern in Spanien eine wichtige Bedeutung zu. Der Abschluss verschiedener bilateraler Kooperationsvereinbarungen, z.B. eines Migrationsabkommens zur Regelung legaler Zuwanderung im Rahmen von festgelegten Quoten, soll zur besseren Steuerung der Migrationen und zur besseren Kontrolle der Südgrenzen beitragen. 1992 wurde bereits ein Rückübernahmeabkommen mit Marokko geschlossen, dessen Umsetzung jedoch nicht zur Zufriedenheit Spaniens erfolgt. Eine gewisse Rolle spielt hierbei die Interessenlage Marokkos, dessen emigrierte Arbeitskräfte aus Europa mehr Geld in ihr Land schicken, als die Entwicklungshilfe der EU-Staaten insgesamt beträgt (Ciesinger 2002). Darüber hinaus sind die Beziehungen zu dem wichtigen Handelspartner durch eine Vielzahl komplexer Konflikte belastet, sei es das gescheiterte Fischerei-Abkommen und die Erneuerung des Assoziationsabkommens mit der EU oder gewalttätige Übergriffe auf marokkanische Einwanderer in El Ejido vor zwei Jahren. Auch der Zwist um Ceuta und Melilla hat durch die neuen Grenzbefestigungen an Brisanz gewonnen (Huntoon 1998; Gillespie 2001; Barros, Lahlou et al. 2002). Die Maghreb-Abkommen der Europäischen Union von 1976, erneuert durch Vereinbarungen von 1995 und 1996, räumen marokkanischen Staatsangehörigen nur begrenzte Angleichung an die Rechtsstellung von Unionsbürgern im Bereich sozialer Sicherheit, dem Schutz vor Diskriminierung, Arbeitsbedingungen etc, nicht aber hinsichtlich Freizügigkeit und Aufenthaltsrechten ein (Groenendijk, Guild et al. 2000).

Seit den 90er Jahren hat Spanien, als erstes europäisches Land einen Bedarf an arbeitsmarktbezogener Zuwanderung trotz hoher Arbeitslosenzahlen ausdrücklich anerkannt (Pajares Alonso 2000). Seitdem basierte die spanische Einwanderungspolitik auf mehreren Elementen: dem Versuch, mittels verstärkter Grenzkontrollen und durch die Einführung jährlicher Quoten für ausländische Arbeitsmigranten legale Zuwanderungen besser zu steuern, der Verbesserung der Situation legaler Einwanderer durch die Angleichung ihrer Rechte an die der Spanier und dem Ausbau der Entwicklungszusammenarbeit zur mittelfristigen Reduzierung des Migrationsdrucks (Barros, Lahlou et al. 2002; Gortázar 2002). Die jährlich festgelegten Quoten waren bis 1999 das Hauptinstrument legaler Einwanderung für gering qualifizierte Drittstaatsangehörige. Zusätzlich hat Spanien Zuwanderern mit irregulärem Aufenthalt durch sogenannte Regularisierungsprozesse wiederholt Gelegenheit gegeben, ihre Situation zu legalisieren. Diese Verfahren führten zu einer beträchtlichen Reduzierung irregulärer Einwanderer und erhöhten gleichzeitig die Zahl der offiziell registrierten Ausländer im Land (Santel 2001).[13] Sie waren – jedenfalls teilweise – der Tatsache geschuldet, dass die spanische Politik auf den Wandel zum Einwanderungsland nicht vorbereitet war und gesetzliche wie politische Maßnahmen nur zögerlich ergriff, die oft von Anfang an den Einwanderungsrealitäten nicht gerecht wurden (González Enríquez 2002). Das erste umfassende Ausländergesetz seit der Kolonialzeit von 1985 war in erster Linie Ergebnis der Beitrittsverhandlungen mit der Europäischen Union und hatte ohne weitere Auseinandersetzung mit den verschiedenen Aspekten von Migration nahezu einstimmig das Parlament passiert. Es war deutlich beeinflusst von den Konzepten anderer europäischer Staaten, die auf vorübergehende Arbeitsaufenthalte abstellten und die Sicherheit und Kontrolle größere Bedeutung beimaßen als der Integration von Einwanderern. Ein Daueraufenthaltsrecht in Form einer unbefristeten Aufenthaltserlaubnis und Regelungen zur Erleichterung des Familiennachzugs wurden erst 1996 eingeführt, in Anerkennung der Tatsache, dass Einwanderung zumeist in dauerhafte Niederlassung mündet (Casey 1998). Auch das zur Anwerbung von Arbeitskräften eingeführte Quotensystem erwies sich in der Umsetzung aus verschiedenen Gründen als unflexibel und nicht besonders praktikabel. Es wurde zudem zum indirekten Regularisierungsinstrument, das auch als solches weder dem Bedarf der Arbeitgeber noch dem der Antragsteller gerecht wurde (Barros, Lahlou et al. 2002: 55; Sánchez, Gutiérrez et al. 2000).[14]

Der Umgang mit Einwanderung ist in Spanien gekennzeichnet von politischen Widersprüchen und Pragmatismus. So sind die innenpolitisch nicht unumstrittenen Regularisierungsprogramme zum einen ein Zugeständnis an die Nachfrage auf dem Arbeitsmarkt, zum anderen eine praktische Konsequenz aus der tatsächlichen,

---

[13] Regularisierungsprozesse fanden 1985, 1991, 1996, 1999, 2000 und 2001 statt (Barros, Lahlou et al. 2002; González Enríquez 2002).

[14] 1999 standen 97.028 Anträge weniger als 30.000 Stellen gegenüber, die dann auf 39.711 aufgestockt wurden (Barros, Lahlou et al. 2002 S.56).

administrativen und finanziellen Schwierigkeit, die irregulären Einwanderer – sei es freiwillig, sei es zwangsweise – in ihr Land zurückzubefördern (Pajares Alonso 2000; Kommission 2002c: 8). Einerseits belegt der spanische Staat Arbeitgeber für die Beschäftigung irregulärer Migranten mit Geldbußen. Andererseits wird z.B. auf Druck der verbandlich organisierten Agrarindustrie mit engen Kontakten zu Politik und Verwaltung erst gar nicht gegen irreguläre Arbeitsverhältnisse vorgegangen, „weil der Verzicht auf billige, nichtregistrierte Arbeitskräfte für viele landwirtschaftliche Produktionsbereiche dem ökonomischen ‚Aus' gleich käme" (Santel 2001: 111). Einerseits sind die regelmäßigen Regularisierungen ein deutliches Eingeständnis nicht besonders erfolgreicher Außengrenzkontrollen und bilden möglicherweise durch das Inaussichtstellen von Aufenthaltsperspektiven selbst einen Pull-Faktor für potentielle irreguläre Einwanderer. Andererseits sind sie auch Ausdruck einer Politik, die unterstreicht, „dass Migranten nicht nur Arbeitskräfte sind, die je nach wirtschaftlicher Opportunität frei eingesetzt werden können, sondern über Rechte verfügen, die staatlicherseits auch gesichert werden" (Santel 2001: 112; Brochmann 1999b), und die in Spanien auch irregulären Einwanderern Zugang zu medizinischer Versorgung und öffentlichen Schulen gewährt, wenn sie sich in einer Kommune anmelden (Wandler 2001; Gortázar 2002). Da Spanien im Gegensatz zu Frankreich, den Niederlanden oder Großbritannien in der zweiten Hälfte des zwanzigsten Jahrhunderts nicht nennenswert am „kolonialen Wanderungsmuster" partizipierte, fehlt die Erfahrung größerer Kettenmigrationen im Rahmen der Familienzusammenführung. Daher sind die Einbürgerung und Integration von Einwanderern sowie Fragen des gesellschaftlichen Zusammenlebens erst seit kurzem überhaupt ein Thema (Santel 2001).

In der öffentlichen Meinung ist die Frage der „Illegalität" nicht ausschlaggebend für die Akzeptanz von Einwanderern. Die meisten sich jetzt legal in Spanien aufhaltenden Immigranten waren zunächst „illegal". Maßgeblich ist vielmehr, ob sie über eine Arbeit verfügen, die ihnen ein „normales" Leben ermöglicht. Wie Umfragen aus 2000 ergaben, ist die allgemeine Einstellung der Bevölkerung gegenüber Einwanderung tendenziell positiv. Nur 18,7% der Befragten waren der Auffassung, das Einwanderer ihre Arbeitsplätze gefährden (im Vergleich zu 25,1% in Deutschland) (González Enríquez 2002). Allerdings unterscheiden sich die Einstellungen verschiedener Bevölkerungsgruppen erheblich. Während die „modernen Städter" Einwanderung als vorteilhaft betrachten, nehmen in den Bezirken und Regionen mit hohem Ausländeranteil die Ablehnung von Einwanderern, Gefühle der Überfremdung und Konkurrenz um die – insgesamt oft als unzureichend empfundene – öffentliche Infrastruktur (z.B. bei Kindergärten) und soziale Leistungen zu.[15] Weit verbreitet ist die Einschätzung, dass Einwanderung außer Kontrolle geraten sei, die Regierung die Migrationsprozesse nicht steuern könne und öffentliche Institutionen nicht in der Lage seien, die mit Einwanderung zusammenhängenden Fragen und Probleme zu regeln. Nur 13,7% der Bevölkerung sind der Auffassung, dass Einwanderer die öffentliche Sicherheit und Ordnung gefährden (22,5% in Deutschland) (González Enríquez 2002). In der täglichen Berichterstattung der Medien verstärken Katastrophenszenarien jedoch den Eindruck invasionsartiger Einwanderung aus dem Süden, auch wenn von einer Masseneinwanderung aus Afrika oder Asien längst nicht die Rede sein kann (Santel 2001; Barros, Lahlou et al. 2002). Viele europäische Studien weisen Spanier als vergleichsweise weniger fremdenfeindlich und rassistisch im Umgang mit anderen Religionen und Kulturen aus. Dabei fällt es schwer einzuschätzen, ob dies etwa auf die eigenen Emigrationserfahrungen, oder nur auf die bislang geringe Einwandererquote oder die sinkende Arbeitslosigkeit zurückzuführen ist (González Enríquez 2002).

Ausgeprägte negative Haltungen bestehen zunehmend gegenüber Marokkanern, die in Spanien die am stärksten abgelehnte Einwandererpopulation sind. 2000 kam es in der andalusischen Gewächshausstadt El Ejido nach der Tötung einer jungen Spanierin durch einen Marokkaner zu pogromartigen Ausschreitungen und Gewalttaten gegen die als *Moros* (Mauren) beschimpfte marokkanische Bevölkerung (Wandler 2001). Die Ablehnung der Muslime wird häufig mit der historischen Erfahrung Jahrhunderte langer muslimischer Fremdherrschaft und mit Ängsten um die eigene nationale Identität in Verbindung gebracht (Gillespie 2001). Andere führen sie eher darauf zurück, dass die marokkanischen Einwanderer viele Spanier zu sehr an ihre eigene noch recht nahe Vergangenheit als religiös dominierte und sozial streng normierte Gesellschaft erinnern, die erst durch die Modernisierungsprozesse der vergangenen Jahrzehnte überwunden wurde (González Enríquez 2002). Die Auseinandersetzungen zum Verhältnis von Nationalkultur, Einwanderung und muslimischer Minderheit lassen vermuten, dass das katholisch geprägte Spanien am Beginn einer Multikulturalismus- und Identitätsdebatte steht, die andere europäische Länder schon seit geraumer Zeit erleben (Santel 2001: 107). Sie findet statt vor dem Hintergrund, dass nationale Identität im postfranquistischen Spanien erst neu gefunden werden musste. Dabei war die Autonomie der Regionen und die Anerkennung der eigenen kulturellen und ethnischen Vielfalt trotz zentralistischer Tradition und nach Zeiten aufgezwungener Uniformität eines der wichtigsten Elemente (Bernecker 2001; Carrillo 2002).

Das spanische Staatsbürgerschaftsrecht als Spiegel nationalen Selbstverständnisses enthält neben Elementen des *ius sanguinis* auch Elemente des *ius soli* sowie privilegierte Einbürgerungsmöglichkeiten für Einwanderer aus Ländern mit historischen Bindungen zu Spanien (z.B. Lateinamerika, Philippinen, Äquatorialguinea, Se-phardische Juden) und Ehepartner von spanischen Staatsangehörigen. Allerdings spielen Einbürgerungen noch eine relativ geringe Rolle, auch wenn sie 1999 mit 2,3 Prozent einen spanischen Höchststand erreichten (SOPEMI OECD 2001).

Nach der spanischen Verfassung liegt die ausschließliche Zuständigkeit für Einreise- und Aufnahmepolitik, Asylgewährung, für alle Angelegenheiten bezüglich

---

[15] Das System des sozialen Schutzes (Zugang zu Bildung, Gesundheitsfürsorge und sozialen Leistungen) wurde im jungen Wohlfahrtsstaat Spanien in den vergangenen 20 Jahren sehr verbessert, liegt jedoch noch unter dem europäischen Durchschnitt (Ausgaben 1998: 21,6% d. BIP, Durchschnitt: 27,7% d. BIP) Rat der Europäischen Union (Beschäftigung und Soziales) 2001.

des Aufenthalts von Migranten und ihrer Zulassung zum Arbeitsmarkt und für die Verleihung der Staatsbürgerschaft beim Staat. Die siebzehn autonomen Regionen (*Comunidades Autónomas*) und die beiden als solche verwalteten Enklaven verfügen in unterschiedlichem Ausmaß über Kompetenzen in vielen Politikfeldern (z.B. Soziales, Gesundheit, Bildung), die für die Integration von Einwanderern relevant sind. Dementsprechend fällt diese, wenn auch nicht explizit, in die Zuständigkeit der Regionalregierungen und lokalen Ebene (Casey 1998). Insgesamt besteht in Spanien die Bestrebung, die Autonomie der Regionen und Kommunen weiter auszubauen (OECD 2001). Auf staatlicher Ebene werden die Aufgaben durch verschiedene Institutionen (Innenministerium, Arbeits- und Sozialministerium, Ministerium für Bildung, Außenministerium, Ombudsmann (*Defensor del Pueblo*), Beauftragten der Regierung für Einwanderung) wahrgenommen, zwischen denen je nach Aufgabenschwerpunkt erhebliche Interessenkonflikte bestehen, ebenso wie zwischen staatlicher Ebene und einzelnen Regionen. Die Kanarischen Inseln, nach Verstärkung der Grenzkontrollen in Ceuta und Melilla und den südlichen Küsten nun erstes Einreiseziel für Immigranten aus Afrika, beklagen beispielsweise mangelnde staatliche Unterstützung und schicken die Ankömmlinge aufgrund fehlender Aufnahmekapazitäten weiter aufs Festland. Dies liegt durchaus nicht im staatlichen Interesse, und Kommunen wie Madrid und Barcelona, die vorrangige Zielorte von Migranten sind, protestieren (Casey 1998; González Enríquez 2002). Die behördlichen Verfahren zur Erteilung von Visa, Aufenthalts- und Arbeitserlaubnissen gelten als langwierig und ineffizient (ECOTEC Research & Consulting 2000: 210; González Enríquez 2002).

Neben der noch immer einflussreichen katholischen Kirche und den Gewerkschaften treten sich erst seit den späten 80er Jahren in stärkerem Maße entwickelnde Nichtregierungsorganisationen und zivilgesellschaftliche Initiativen als politische Akteure für die Integration und Interessen von Einwanderern ein. Einwanderungspolitik ist in Spanien als noch neues Politikfeld anzusehen, dessen aktuelle und zukünftige Herausforderung vor allem in einer Schwerpunktverlagerung von einer Kontroll- zur auch sozialpolitisch flankierten Integrationspolitik besteht (Casey 1998).

3.2 Politischer Diskurs und rechtlicher Rahmen

Die politische Diskussion um Einwanderungspolitik in Spanien hat in den letzten Jahren erhebliche Turbulenzen erlebt, die sich unter anderem in mehreren dicht aufeinander folgenden Regularisierungsprogrammen, in zwei im selben Jahr mit unterschiedlicher Akzentsetzung beschlossenen neuen Ausländergesetzen und dem Abschluss diverser bilateraler Einwanderungsabkommen zur Anwerbung von Arbeitsmigranten niederschlugen. Im Vordergrund der neuen Einwanderungspolitik der Regierung steht dabei das Ziel, durch die Abschreckung irregulärer Einwanderer und die Schaffung legaler Zugangsmöglichkeiten für auf dem Arbeitsmarkt nachgefragte Arbeitskräfte Immigration in legale Bahnen zu lenken (Barros, Lahlou et al. 2002). Der politische Diskurs ist polarisiert zwischen der Forderung nach effizienterer Einwanderungskontrolle und der Betonung von Immigration als sicherheitspolitischem Problem, das unter polizeiliche Kontrolle gebracht werden muss, und einer liberaleren Position, der es vor allem um die Stärkung der Rechte aller im Land lebender Einwanderer und um eine integrativere Politik gegenüber den Zuwanderern geht. Durch den Wahlsieg der konservativen Regierungspartei *Partido Popular* bei den Parlamentswahlen 2000, der dieser zur absoluten Mehrheit in beiden Parlamentskammern verhalf, bekamen die spanische Einwanderungspolitik und ihr rechtlicher Rahmen eine deutlich restriktivere Dynamik. Seit 1999 hält die Volkspartei auch die Mehrheit in dreizehn von siebzehn autonomen Regionen (Carrillo 2002).

3.2.1   Legalisierung irregulärer Zuwanderer

Ein spezifisches und bemerkenswertes Instrument der Einwanderungspolitik ist in Spanien (und anderen südeuropäischen Mitgliedstaaten) die schon erwähnte *Regularisierung* oder Legalisierung bereits im Land befindlicher irregulärer Einwanderer, von der sowohl unter sozialistischen wie auch unter konservativen Regierungen rege Gebrauch gemacht wurde. Allein in den vergangenen zwei Jahren haben in Spanien insgesamt vier solche Regularisierungsprozesse stattgefunden.

Der erste war niedergelegt im neuen Ausländergesetz 4/2000, auf das unter 3.2.2 noch näher eingegangen wird, und fand statt vom 21. März bis 31. Juli 2000. Voraussetzung für eine Legalisierung des Aufenthalts waren der Nachweis, vor dem Stichtag des 1. Juni 1999 eingereist und vor dem 31. März 2000 eine Aufenthalts- oder Arbeitserlaubnis beantragt zu haben, oder aber vor dem 1. Juni 1999 eingereist zu sein und irgendwann im Laufe der letzen drei Jahre vor Inkrafttreten des neuen Gesetzes im Besitz einer Arbeitserlaubnis gewesen zu sein. Auch Asylsuchende mit noch nicht abgeschlossenem Verfahren und abgelehnte Asylbewerber konnten von der Regularisierung Gebrauch machen, wenn sie vor dem 1. Juni 1999 eingereist waren (Gortázar 2002). Die Resonanz war weitaus höher als erwartet. Von 246.000 Anträgen wurden insgesamt 152.000 positiv beschieden (Barros, Lahlou et al. 2002; Gortázar 2002). Die größte Gruppe unter denen, die eine Aufenthaltserlaubnis erhielten, waren Marokkaner, gefolgt von Personen aus Ecuador, Kolumbien, China und Rumänien (Santel 2001). Nahezu 100.000 Antragsteller blieben jedoch ohne legalen Status. Das Regularisierungsprogramm wurde außerdem aufgrund seines Mangels an klar definierten Kriterien für die Legalisierung und entsprechend unterschiedlich großzügiger Handhabung in den verschiedenen Provinzen stark kritisiert. Immer mehr Einwanderer (vor allem aus Ecuador und Marokko) äußerten ihre Kritik und Forderungen in der Öffentlichkeit. Es kam zu Demonstrationen, Kirchen- und Universitätsbesetzungen in den Haupteinwanderungsregionen Barcelona, Murcia, Almeria, Huelva, Madrid, Valencia und Malaga. (Barros, Lahlou et al. 2002; González Enríquez 2002). Dies führte zu einer in dem inzwischen neu beschlossenen Ausländergesetz 8/2000 (siehe 3.2.2) eingeräumten Revisionsmöglichkeit der abgelehnten Anträge, von der 57.600 Antragsteller Gebrauch machten, und im Rahmen derer 36.000 Personen eine Aufenthaltserlaubnis erhielten. Der Stichtag 1. Juni 1999 wurde kurzerhand bis zum Tag des Inkrafttretens des neuen Gesetzes, dem 23. Januar 2001 verlängert, so dass Einwanderer, die nicht in der Lage gewesen waren, ihren Aufenthalt vor dem 1. Juni 1999 nachzuweisen, dies nun innerhalb des neuen Zeitraums tun konnten (Barros, Lahlou et al. 2002; González Enríquez 2002).

Nach einem Verkehrsunfall in der Region Murcia im Januar 2001, bei dem vierzehn irreguläre Einwanderer aus Ecuador zu Tode kamen, die dort in der Landwirtschaft beschäftigt waren, und der die öffentliche Aufmerksamkeit auf die Situation zehntausender irregulärer Ecuadorianer im Land lenkte, reagierte die spanische Regierung mit einem Regularisierungsprozess speziell für diesen Personenkreis. 24.352 von insgesamt 24.884 Antragstellern konnten ihren Aufenthalt dadurch legalisieren (González Enríquez 2002; Gortázar 2002).

Schließlich räumte die Regierung 2001 vor Inkrafttreten der Durchführungsvorschriften zur neuen Ausländergesetzgebung für den Zeitraum Juni bis August eine weitere Regularisierung aus Gründen der *„Verwurzelung"* ein, nach der alle Immigranten eine Arbeitserlaubnis für die Dauer eines Jahres erhielten, die ihren Aufenthalt in Spanien vor dem 23. Januar 2001 und ein konkretes Arbeitsangebot nachweisen konnten oder bereits einmal im Besitz einer Aufenthaltsgenehmigung gewesen waren (Barros, Lahlou et al. 2002). Weitere 157.883 von insgesamt 338.680 Antragstellern wurden auf diesem Wege legalisiert. Insgesamt wurden seit 2000 etwa 370.500 Einwanderer legalisiert (González Enríquez 2002). Von den offiziell in Spanien lebenden Immigranten erhielten weitere 169.000 in vorangegangenen Regularisierungsprozessen ihren Status und auch ein großer Teil der 133.000 im Rahmen der jährlichen Quoten für Arbeitskräfte registrierten Immigranten war davor irregulär (Gortázar 2002). Regularisierung war demnach für einen Großteil der etwa 907.000 legal in Spanien lebenden Drittstaatsangehörigen der Weg zur aufenthaltrechtlichen Konsolidierung ihrer Situation.

3.2.2 Die neue Einwanderungsgesetzgebung

Im Laufe der Zeit fanden mehrere Versuche statt, das immer stärker kritisierte Ausländergesetz von 1985 in seinen Durchführungsverordnungen der Einwanderungsrealität anzupassen. Beispiele sind die Einführung der jährlichen Quoten für Arbeitskräfte von 1993 oder der unbefristeten Aufenthaltserlaubnis und Regelungen zum Familiennachzug von 1996. Dies führte neben anderen rechtssystematischen Problemen auch dazu, dass die Durchführungsvorschriften teilweise dem Gesetz widersprachen. Die Notwendigkeit einer Reform wurde immer deutlicher (Gortázar 2002). Ein Parlamentsausschuss erarbeitete unter Beteiligung der wichtigsten parlamentarischen Gruppen einen im November 1999 vorgelegten Entwurf für ein *Gesetz über die Rechte und Freiheiten von Ausländern in Spanien und ihre soziale Integration*, in dem der Wille der einzelnen Fraktionen, einen Konsens zu finden, deutlich zum Ausdruck kam (Gortázar 2002). Er wurde dennoch nur mit Stimmenthaltung der Volkspartei im Abgeordnetenhaus *(Congreso de los Diputados)* gebilligt, die Anpassungen in der zweiten Kammer *(Senado)* ankündigte, in der sie über die Mehrheit verfügte. Hintergrund war die Einschätzung der Regierung, der Gesetzentwurf sei mit den Schlussfolgerungen des Europäischen Rates von Tampere vom Oktober 1999 nicht vereinbar. Der im Senat geänderte Gesetzentwurf fand jedoch nicht die Billigung des Abgeordnetenhauses, das am 22. Dezember, mit Unterstützung der der Volkspartei nahestehenden katalanischen CIU *(Convergencia y Unión)* den ursprünglichen Entwurf beschloss. Das Gesetz 4/2000 vom 11. Januar 2000 trat am 2. Februar 2000 in Kraft (Gillespie 2001; Gortázar 2002).

Das Gesetz 4/2000, das seinem Namen nach zwar immer noch ein *Ausländergesetz* blieb, markierte einen Wendepunkt in der Regulierung von Einwanderung. Es stärkte einerseits Mechanismen zur Integration legaler Einwanderer, beispielsweise durch die erstmalige Regelung des Familiennachzuges und des Daueraufenthalts durch Gesetz, gleichzeitig sorgte es für mehr Flexibilität bei den Folgen von irregulärer Zuwanderung, indem es Irregularität als Kriterium für den Ausschluss von Zuwanderern von bestimmten Rechten relativierte. Neben einigen, Zuwanderern mit legalem Status vorbehaltenen Rechten (Freizügigkeit auf spanischem Territorium, Recht auf Partizipation an den sozialen Sicherungssystemen unter gleichen Bedingungen wie Spanier, Recht auf Familienzusammenführung, Zugang zum Arbeitsmarkt, kommunales Wahlrecht bei Gegenseitigkeit im Heimatland) sah das Gesetz eine Ausdehnung von anderen Rechten auch auf irreguläre Migranten vor, sofern sie sich in einer Gemeinde anmelden, und damit von einer verfestigteren Lebenssituation in Spanien ausgegangen werden kann (Gortázar 2002: 8). Diese Rechte betrafen die Versammlungs- und Demonstrationsfreiheit, Zugang zu Bildung, Zugang zu öffentlicher medizinischer Versorgung in Notfällen und das Recht auf öffentliche medizinische Versorgung für Minderjährige und schwangere Frauen, die Inanspruchnahme von Angeboten niederschwelliger sozialer Dienste und Einrichtungen, und das Recht auf anwaltliche Hilfe in Verfahren betreffend die Versagung der Aufenthaltserlaubnis, Ausreiseverpflichtung, Abschiebung oder Asylverfahren. Außerdem räumte das Gesetz 4/2000 den Behörden nicht nur vorübergehend die Möglichkeit ein, irreguläre Migranten bei Nachweis ununterbrochenen Aufenthalts von zwei Jahren eine befristete Aufenthaltserlaubnis und eine verlängerbare einjährige Arbeitserlaubnis zu gewähren (Gortázar 2002: 9). Irregulärer Aufenthalt und irreguläre Beschäftigung allein stellten keinen Ausweisungsgrund mehr dar.

Darüber hinaus sah das Gesetz 4/2000 Maßnahmen zur Förderung einer aktiven Einwanderungspolitik vor. Artikel 37 verankerte erstmalig die seit 1993 jährlich festgelegten Kontingente für ausländische Arbeitnehmer aus Drittstaaten im Rahmen eines Gesetzes. Es führte als Grundsatz die Begründungspflicht der Behörden im Falle einer Ablehnung der Visumserteilung und ihre Verpflichtung zur Rechtsmittelbelehrung ein. Außerdem änderte es Artikel 312 des Strafgesetzbuches dahingehend, dass illegale Händler von Arbeitskräften künftig mit Gefängnisstrafen zwischen zwei und fünf Jahren und Geldstrafen bestraft werden, und fügte einen neuen Titel XV *Verstöße gegen die Rechte von ausländischen Bürgern* ein, der die Förderung, Begünstigung oder Ermöglichung illegalen Menschenhandels von, durch oder mit Ziel Spanien(s) unter Strafe stellt und strafverschärfende Kriterien wie Einschüchterung und Gewaltanwendung, Gefährdung des Lebens, der Gesundheit und der Integrität der Opfer definiert (Gortázar 2002: 12).

Die Volkspartei sprach sich während des Wahlkampfes zu den Parlamentswahlen im März 2000 vehement gegen das neue Gesetz aus und kündigte dessen Revision im Falle eines Wahlsieges an. Sie argumentierte vor allem mit einem *efecto llamada* (Rufeffekt), der von diesem Gesetz für irreguläre Einwanderer ausginge, seiner angeblichen Unvereinbarkeit mit europäischen Zielsetzungen im Bereich des Einwanderungsrechts und dem Erfordernis eines konsequenten Kampfes gegen organisierten Menschenschmuggel und Menschenhandel (Pajares 2000; Sánchez, Gutiérrez et al. 2000). Die aufgrund des Wahlergebnisses möglich gewordene *contrarreforma* (Gegenreform) fand in Gestalt des Gesetzes 8/2000 vom 22. Dezember 2000 *zur Änderung des Gesetzes 4/2000 über die Rechte und Freiheiten von Ausländern in Spanien und ihre soziale Integration* statt, das am 23.1.2001 in Kraft trat (Pajares Alonso 2000; Gortázar 2002).

Das Gesetz 8/2000 nahm eine Vielzahl grundlegender Änderungen vor. Zielsetzung des nun geltenden Rechts ist zwar ebenfalls die Verbesserung der Situation regulärer Einwanderer. Demgegenüber werden die Rechte irregulärer Einwanderer stark eingeschränkt, vor allem das Versammlungs- und Demonstrationsrecht, das Recht zur Mitgliedschaft in Gewerkschaften, aber auch der Zugang zu sozialen Diensten, Unterkunft, Rechtsberatung und Bildung. Die im Gesetz 4/2000 allen Einwanderern zugestandenen Rechte werden auf Einwanderer mit legalem Status beschränkt. Wichtige Ausnahmen bleiben jedoch der Zugang zu medizinischer Versorgung im Notfall, das Recht für Minderjährige und schwangere Frauen auf medizinische Versorgung und der Zugang zur allgemeinen Pflichtschulbildung für Minderjährige, die weiterhin auch irregulären Einwanderern zugestanden werden (Gortázar 2002: 14). Wesentliche Verschärfungen des Gesetzes betreffen die Möglichkeit für Behörden, irreguläre Migranten mit befristeten Aufenthalts- und Arbeiterlaubnissen auszustatten. Statt nach vorher zweijährigem Aufenthalt ist dies nur noch nach fünf Jahren möglich. Gleichzeitig werden jedoch neue Regularisierungsmöglichkeiten aus humanitären Gründen oder besonderen Umständen geschaffen oder für Einwanderer, die schon einmal im Besitz einer Aufenthalterlaubnis waren und diese nicht verlängern konnten. Irregulärer Aufenthalt und irreguläre Beschäftigung stellen jedoch nach dem neuen Recht einen Ausweisungsgrund dar (Gortázar 2002). Ein Daueraufenthaltsrecht erhält man auch künftig nach fünf Jahren – nun aber ununterbrochenen Aufenthalts. Verschärft werden auch die Regelungen zum Familiennachzug. Die im Gesetz 4/2000 vorgesehene

Möglichkeit, aus humanitären Gründen im Einzelfall auch anderen als den im Gesetz definierten Familienangehörigen den Nachzug zu gestatten, wurde gestrichen und die Voraussetzungen für Familiennachzug teilweise verschärft (Gortázar 2002: 17).

Hinsichtlich einer aktiven Gestaltung von Einwanderung hält das Gesetz 8/2000 an den im Gesetz 4/2000 vorgesehenen, jährlich nach dem Arbeitsmarktbedarf festzulegenden Kontingenten für Arbeitsmigranten aus Drittstaaten fest. Es nimmt jedoch eine zentrale Änderung der Zulassungsvoraussetzungen dahingehend vor, dass Artikel 39 künftig nur Arbeitskräfte zulässt, die noch nicht in Spanien ansässig waren oder sind. Die Quoten können daher nicht mehr als indirektes Regularisierungsinstrument für sich bereits im Land aufhaltende Einwanderer genutzt werden (Barros, Lahlou et al. 2002: 57). Das Gesetz 8/2000 hebt außerdem die grundsätzliche Verpflichtung der Behörden auf, ablehnende Bescheide zur Visumserteilung zu begründen und reduziert die Begründungspflicht auf Visumsentscheidungen zur Familienzusammenführung und zur Arbeitsaufnahme. Es behält die Änderungen des Strafrechts durch das Gesetz 4/2000 bei. Das geltende Recht verpflichtet darüber hinaus Transportunternehmen zur Kontrolle gültiger Reisedokumente ihrer Passagiere und macht sie für den Rücktransport im Falle der Zurückweisung haftbar.

Trotz seines restriktiveren Charakters ist auch das durch das Gesetz 8/2000 geänderte Gesetz 4/2000 *über die Rechte und Freiheiten von Ausländern in Spanien und ihre soziale Integration* als ein beachtlicher Fortschritt in der gesetzlichen Regulierung von Einwanderung in Spanien anzusehen (Gortázar 2002). Allerdings scheint das geltende Recht aus Sicht der Regierung noch immer reformbedürftig. Wie Innenminister Rajoy im Juni 2002 gegenüber der Presse erklärte, wird Spanien sein Ausländergesetz erneut verschärfen. Beabsichtigt sei neben strengeren Strafen für Menschenschleuser auch, den Familiennachzug zu erschweren, um die spanischen Gesetze an die europäischen Regelungen anzupassen. Rajoy führte Deutschland als Beispiel für ein Land an, in dem erheblich strengere Bestimmungen in Kraft seien. Madrid wolle sich nun die deutschen Bestimmungen zum Vorbild nehmen (Deutsche Presseagentur 2002a).

Gegen das geltende Gesetz ist seit März 2001 eine Klage der sozialistischen Parlamentsfraktion vor dem spanischen Verfassungsgericht anhängig, die vor allem die Verweigerung der Versammlungs- und Demonstrationssfreiheit, des Streikrechts und des tatsächlichen rechtlichen Schutzes für irreguläre Einwanderer als nicht ver-fassungsgemäß erachtet (Gortázar 2002).

3.2.3 Der Plan GRECO

Neben der neuen Gesetzgebung startete Spanien 2000 den ersten Versuch, die unterschiedlichen Aspekte von Migration in einem umfassenderen Ansatz anzugehen und ein ministerienübergreifendes gemeinsames Programm durchzuführen. Der Plan GRECO zur Steuerung und Koordination der Ausländerangelegenheiten und Einwanderung in Spanien (*Programa Global de Regulación y Coordinación de la*

Extranjería y la Inmigración en España) wurde nach der Einrichtung einer ‚Regierungsdelegation für Ausländer und Einwanderung' im Innenministerium ins Leben gerufen, die im Auftrag der spanischen Regierung die Migrationspolitik koordiniert und über eine direkte Verbindung zum Büro des Regierungschefs verfügt. Die Koordination erfolgt auf verschiedenen Ebenen: zum einen im *Consejo Superior de Política de Inmigración,* der aus sieben Ministern sowie ranghohen Vertretern von Regionen und Kommunen besteht, wobei letztere Kenntnisse der Arbeitsmarkterfordernisse und der Integrationsaspekte aus dezentraler Perspektive einbringen, zweitens: in einem interministeriellen Ausschuss über ‚ausländische Einwohner' auf Staatssekretärsebene aus dem Außen-, Justiz- und Innenministerium und den Ministerien für Bildung, Kultur und Sport, Arbeit und Soziales, Öffentliche Verwaltung, Gesundheit und Verbraucherschutz, und schließlich in einem interministeriellen Ausschuss zu Asyl und Flüchtlingen auf Generaldirektorenebene (ECOTEC Research & Consulting 2000; Gillespie 2001: 31).

Der Plan GRECO bezieht sich auf den Zeitraum von 2000 bis 2004, verfügt über einen eigenen Haushalt von 37.000 Millionen ESP (ca. 222 Millionen Euro) und umfasst 23 Aktionen und 72 konkrete Maßnahmen. Das Programm verfolgt vier Hauptzielsetzungen: 1. ein umfassendes und koordiniertes Konzept der Einwanderung im Rahmen der Europäischen Union als ein für Spanien wünschenswertes Phänomen, 2. die Integration der ausländischen Bevölkerung, die aktiv zum Wachstum des Landes beiträgt, 3. Kontrolle der Einwanderung, um das Zusammenleben in der spanischen Gesellschaft gewährleisten zu können, und 4. Aufrechterhaltung des Schutzsystems für Flüchtlinge und Vertriebene (Barros, Lahlou et al. 2002: 58). Den innovativsten Teil des Plan GRECO stellt dabei der Abschluss umfassender bilateraler Anwerbeverträge mit bestimmten Herkunftsländern dar, die möglichst viele Aspekte der Wanderungsbewegungen abdecken sollen, nämlich sowohl die Einreise und Rückkehr der Arbeitskräfte und ihrer Familien, als auch Zusammenarbeit und Entwicklungszusammenarbeit sowie Grenzkontrolle und Rückübernahme von irregulär nach Spanien eingewanderten Personen. Für diesen Bereich stehen fast zwanzig Prozent des Budgets zur Verfügung. Den Arbeitskräften aus solchen Vertragspartnerländern wird Priorität bei der arbeitmarktbezogenen Einwanderung eingeräumt (Barros, Lahlou et al. 2002). Bislang wurden solche Übereinkommen mit Ecuador, Kolumbien, Marokko, der Dominikanischen Republik, Rumänien und Polen verhandelt, von denen noch nicht alle abgeschlossen sind (Polen) und die noch nicht alle vom Parlament ratifiziert wurden (Barros, Lahlou et al. 2002: 58; Gortázar 2002: 3). Es bestehen zum Teil Befürchtungen, dass die genannten Abkommen dazu führen könnten, dass Migranten aus anderen Herkunftsländern von der Arbeitsmarktzuwanderung ausgeschlossen und die bilateralen Verträge als Mechanismus zur ethnischen Auswahl von Einwanderern genutzt werden (Barros, Lahlou et al. 2002: 58). Dies auch vor dem Hintergrund, dass spanische Funktionäre mitunter eine deutliche Präferenz gegenüber lateinamerikanischen und osteuropäischen im Vergleich zu marokkanischen und anderen afrikanischen Migranten äußern, da aufgrund der gemeinsamen Sprache und/oder Religion deren kulturelle Integration unproblematischer sei (Gillespie 2001: 15; Barros, Lahlou et al. 2002: 59).

Das erste seit Inkrafttreten des Gesetzes 8/2000 festgelegte Kontingent für ausländische Arbeitskräfte aus Drittstaaten für 2002 vom 21. Dezember 2001 gibt Aufschluss über einige Tendenzen in der Steuerung arbeitsmarktbezogener Einwanderung. Die Quote ist aufgrund des langsameren Wirtschaftswachstums und der letzten Regularisierungsprozesse, die zu einem sehr schnellen Anstieg der regulären Einwandererzahlen geführt haben, mit 32.079 niedriger als in den Vorjahren (1999: 39.713). Der überwiegende Teil (21.195) der Arbeitserlaubnisse wurde für Saisonarbeiter mit einem nicht erneuerbaren Aufenthalt unter neun Monaten in der Landwirtschaft (75,5%) und im Baubereich (14,4%) vorgesehen und nur noch 10.884 für Arbeitskräfte mit einjähriger und verlängerbarer Arbeitserlaubnis, die überwiegend den Bereichen Bau (32%) und Industrie (22%) benötigt werden. Die Landwirtschaft, die in der Vergangenheit im Bereich der verlängerbaren Arbeitshalte stark vertreten war, bleibt nun überwiegend Saisonarbeitern vorbehalten. Bevorzugt werden außerdem Arbeitskräfte aus Ländern, mit denen ein Vertrag über die Regulierung der Einwanderung besteht (Barros, Lahlou et al. 2002: 60).

3.3 Positionen Spaniens in der europäischen Einwanderungsdebatte

Spaniens Positionen in der europäischen Einwanderungspolitik sind vor dem Hintergrund seiner geographischen Lage, seiner historischen Beziehungen zu Lateinamerika und dem Mittelmeerraum und seiner jungen Einwanderungsgeschichte zu sehen. Seit der Demokratisierung hat Spanien eine umfassende Mittelmeerstrategie entwickelt, um die kolonial begründeten Spannungen zu Marokko zu reduzieren (Gillespie 2001). Nach seinem Beitritt zur Europäischen Union war es in den 90er Jahren maßgeblich an der europäischen Mittelmeerpolitik und der Initiierung des so genannten Barcelona-Prozesses von 1995 zur Schaffung eines euro-mediterranen Raumes des Wohlstands, des Friedens und der Stabilität beteiligt und hat sich stark für die Gemeinsame Europäische Mittelmeerstrategie (2000) eingesetzt, um neben dem Schwerpunkt der Osterweiterung auch ein europäisches Interesse im Süden verankert zu wissen (Solana 2001; Rhein 2002). Dabei ist Spaniens Haltung gegenüber dem Maghreb vor allem von Befürchtungen geprägt, die akuten ökonomischen und sozialen Probleme Nordafrikas könnten auf Spanien übergreifen und eigenes Wachstum und Stabilität bedrohen, wenn sie nicht mit Unterstützung der EU einer Lösung zugeführt werden. Sicherheitsinteressen spielen mit Blick auf Süd-Nord-Migrationen und Terrorismus eine dominierende Rolle (Gillespie 2001). Die Europäische Union ist aus spanischer Sicht eine wichtige Ressource zur Stärkung der eigenen Fähigkeit, Migrationsbewegungen zu steuern. Ebenso wird eine Harmonisierung der Migrations- und Flüchtlingspolitik auf europäischer Ebene als eine Quelle interner Stabilität und als Chance für ein mögliches Ende innenpolitischer Kontroversen zu diesen Themen gesehen (Gillespie 2001: 35). Zwar wurde Spanien mit dem EU-Beitritt zur Übernahme des

Schengen-Besitzstandes verpflichtet, es ist aber durchaus auch spanisches Interesse, die Mitgliedstaaten davon zu überzeugen, seine Südgrenzen mehr als europäische denn als nationale Angelegenheit zu betrachten und als Union Druck auf Marokko auszuüben, im Bereich der Grenzkontrolle und Rückübernahme irregulärer Migranten stärker zu kooperieren (Gillespie 2001: 26; Barros, Lahlou et al. 2002: 59).

Spanien ist sehr an einer engeren europäischen Zusammenarbeit im Bereich der Justiz-, Innen- und Sicherheitspolitik interessiert, um dadurch Unterstützung in den Bereichen der Terrorismusbekämpfung und Migration zu erhalten. Es war federführend an den Vorbereitungen zum Europäischen Raum der Freiheit, der Sicherheit und des Rechts im Vorfeld des Amsterdamer Vertrages und der Gipfel von Tampere und Helsinki beteiligt (Gillespie 2001; Solana 2001).

Hinsichtlich der Gestaltungsvorschläge der Europäischen Kommission im Bereich der legalen Einwanderung hat Spanien bislang in den Verhandlungen eine (während der eigenen Präsidentschaft übliche) sehr zurückhaltende Rolle eingenommen und kann nicht zu den bestimmenden Akteuren gezählt werden.[16]

3.3.1 Die spanische EU-Präsidentschaft 2002

Die dritte spanische Präsidentschaft im ersten Halbjahr 2002 stand unter dem Eindruck der Terroranschläge vom 11.09.2001 und der Einführung des Euro. Neben dem Vorantreiben des Erweiterungs- und Vertiefungsprozesses, der Verbesserung der Beziehungen zum südlichen Mittelmeerraum, nach Lateinamerika und der Karibik, bildeten Einwanderung und Terrorismus die beiden Schwerpunktthemen (Gillespie 2001; Solana 2001). Im Migrationsbereich räumte die Präsidentschaft der Bekämpfung illegaler Einwanderung, der Verbesserung der Außengrenzregime und der Kontrolle der Migrationsströme durch Zusammenarbeit mit den Herkunftsländern sowie der fairen Behandlung legaler Einwanderer deutliche Priorität ein (Rajoy 2002) (siehe auch II.3.5).

3.3.2 Familienzusammenführung

Aufgrund seiner jungen Einwanderungsgeschichte und der bislang geringen Zahl von Immigranten hat Spanien noch wenig Erfahrung mit Kettenmigrationen im Rahmen des Familiennachzugs. Auf nationaler Ebene ist Familienzusammenführung erst seit 2000 auf der Basis eines Gesetzes geregelt, war jedoch auch vorher schon möglich (Gortázar 2002). Der entsprechende von der Kommission 1999 vorgelegte Richtlinienentwurf (siehe II.3.4.2) traf in seinen diversen Fassungen bei der spanischen Delegation zwar auf einige Vorbehalte, aber keineswegs auf prinzipiellen Widerstand. Die Hauptschwierigkeit stellt sich aus spanischer Sicht hinsichtlich des Familienbe-

---

[16] Die Verfasserin stützt diese Einschätzung vor allem auf die Auswertung der Verhandlungsprotokolle der Ratsgruppe Migration und Rückführung, die ihr zur Verfügung standen.

griffes, auf den die Richtlinie Anwendung finden soll. Dabei ist für das katholisch geprägte Spanien selbstverständlich, dass unter der *Kernfamilie*, der unter bestimmten Voraussetzungen ein Anspruch auf Familienzusammenführung zugebilligt wird, die Ehepartner und die minderjährigen Kinder zu verstehen sind. Außerdem unstreitig ist, dass Verwandten in aufsteigender Linie und volljährigen Kindern im Wege des Ermessens von den Mitgliedstaaten ein Recht auf Familiennachzug gewährt werden kann. Als ganz und gar inakzeptabel hat Spanien jedoch bislang die Ausdehnung des Familienbegriffes auf dauerhafte nichtverheiratete und gleichgeschlechtliche Partnerschaften angesehen, wenn ihnen im Recht des betreffenden Mitgliedstaates eine Behandlung eingeräumt wird, die der der Mitglieder der Kernfamilie entspricht oder vergleichbar ist. Aus spanischer Sicht sollten nichtverheiratete und gleichgeschlechtliche Partnerschaften aus dem Anwendungsbereich der Richtlinie vollständig ausgenommen und ausschließlich nach nationalem Recht geregelt werden. Ein Kompromissvorschlag der belgischen Präsidentschaft 2001 sah vor, in der Richtlinie drei nach dem Grad der familiären Beziehungen zu unterscheidende Kategorien von Familienangehörigen zu bestimmen, mit einer Differenzierung der ihnen zu gewährenden Rechte und der für sie geltenden Bedingungen. Mit Ausnahme des Anspruches der Kernfamilie sollte den Mitgliedstaaten bei den anderen beiden Kategorien freigestellt bleiben, das Recht auf Familiennachzug einzuräumen. Bislang wurde an diesem Punkt noch keine Einigung erzielt. Der Verhandlungsstand und das spanische Interesse an einer gemeinsamen Regelung lassen jedoch vermuten, dass Spanien sich dem Kompromiss einer optionalen Bezugnahme auf die nationale Gesetzeslage im Rahmen der Richtlinie auf Dauer nicht verschließen wird.

Nach Auffassung Spaniens sollte auch der Familiennachzug zu Flüchtlingen und Personen mit subsidiärem Schutz nicht im Rahmen dieser Richtlinie geregelt werden. Spanien lehnt des weiteren die Einführung einer Wartefrist für nachgezogene Familienangehörige bei der Zulassung zum Arbeitsmarkt ab, wie sie von einigen Mitgliedstaaten gefordert wird, da diese die Integration behindere und irreguläre Beschäftigung fördere.

Nicht zuletzt spricht sich Spanien gegen eine vorgesehene Stillhalteklausel aus, die eine Verschlechterung bereits bestehender nationaler Regelungen verbietet. Der spanische Innenminister Rajoy hat bereits im Juni 2002 die Verschärfung des spanischen Rechts zur Familienzusammenführung mit dem Ziel der Anpassung an die europäischen Standards angekündigt (Deutsche Presseagentur 2002a).

3.3.3 Behandlung von Drittstaatsangehörigen

Die spanische Haltung in Bezug auf die Kommissionsvorschläge zur Sicherstellung einer gerechten Behandlung der in der Europäischen Union lebenden Drittstaatsangehörigen ist dadurch geprägt, dass eine noch relativ geringe Zahl von Drittstaatsangehörigen in Spanien lebt und die Erfahrung dauerhafter, über die erste Generation hinausreichende Einwanderung und damit verbundene Fragestellungen erst allmählich in den Blick treten (Santel 2001). Ein Daueraufenthaltsrecht wurde erst 1996 eingeführt (Casey 1998). Hinsichtlich des zentralen Richtlinienentwurfes der Kommission zum Status der langfristig aufenthaltsberechtigten Drittstaatsangehörigen (Kommission 2001d) hat sich Spanien prinzipiell für eine Erhöhung der Mobilität ausgesprochen, aber Bedenken geäußert, die Freizügigkeit ähnlich wie die der Unionsbürger zu gestalten. Auch manche Elemente der Gleichbehandlung werden hinterfragt. Die Befürchtung massenhafter Einwanderung von Drittstaatsangehörigen aus anderen Mitgliedstaaten und einer damit möglicherweise verbundenen Belastung der sozialen Sicherungssysteme und öffentlicher Kassen spielt in den spanischen Positionen keine wichtige Rolle. Das Erfordernis der Erfüllung von Integrationskriterien (ausreichender Sprachkenntnisse, Grundkenntnisse der Kultur, des Rechtssystems etc.) als Voraussetzung für den Status des Daueraufenthaltes im ersten und für die Weiterwanderung in einen zweiten Mitgliedstaat ist nicht Gegenstand spanischer Forderungen. Während der Präsidentschaft 2002 versuchte Spanien, die Verhandlungen des Richtlinienentwurfs durch verschiedene Kompromissvorschläge voranzubringen. Diese hatten vor allem die Ausweitung von Ausweisungsgründen aus dem zweiten Mitgliedstaat und in bestimmten Fällen die Erlaubnis zur Abschiebung durch diesen in einen Staat außerhalb der Europäischen Union und damit eine Absenkung des Ausweisungsschutzes von lang aufhältigen Drittstaatsangehörigen zum Gegenstand (Peers 2002a).

3.3.4 Zugang zum Arbeitsmarkt

Die spanischen Positionen zur arbeitsmarktbezogenen Einwanderung und dem von der Kommission vorgelegten Richtlinienvorschlag (Kommission 2001f) stellen sich noch etwas unbestimmt dar.[17] Das eine aktive Politik der Arbeitskräfteanwerbung betreibende Spanien zeigte sich bislang in den Verhandlungen der Ratsarbeitsgruppe „Migration und Rückführung" zurückhaltend. Es legte einen allgemeinen Prüfvorbehalt ein, da die Richtlinie noch im Ministerium für Arbeit und Soziales geprüft werde. Eine Regelungskompetenz der Gemeinschaft auf der Basis von Artikel 63, Absatz 3 EGV wird nicht bestritten, jedoch empfohlen, in Verbindung mit ihm noch auf andere Bestimmungen des Vertrages zu verweisen. Spanien betrachtet den Hinweis auf die Verknüpfung mit der Europäischen Beschäftigungsstrategie als relevant. Spanien wünscht, dass in der Richtlinie auf die Visavorschriften der Gemeinschaft hingewiesen wird. Obwohl es für eine Vereinfachung der Genehmigungsverfahren votiert, möchte es sich (vor dem Hintergrund der bisherigen spanischen Zuständigkeitsverteilung zwischen Außen- und Innenministerium) die Möglichkeit einer Visumserteilung zur Einreise neben der Erteilung eines Aufenthaltstitels, der laut Kommissionsentwurf die Genehmigung von Einreise, Aufenthalt und Erwerbstätigkeit umfassen soll, offen halten. Ebenso ist es der Auffassung, dass eine Arbeitsgenehmigung bereits vorliegen sollte, bevor eine Aufenthaltserlaubnis erteilt wird.

Erste Einschätzungen Spaniens zum kürzlich vorgelegten Richtlinienentwurf über die Bedingungen für die Einreise und den Aufenthalt von Drittstaatsangehörigen zur

Aufnahme eines Studiums oder einer Berufsausbildung (Kommission 2002e) konnten noch nicht in Erfahrung gebracht werden.

4. Vergleichende Betrachtung

Die in den vorangegangenen Kapiteln dargestellten nationalen Einwanderungspolitiken Deutschlands und Spaniens sind aufgrund der Komplexität der wirksamen Einflussfaktoren nur bedingt miteinander vergleichbar. Dennoch lassen sich einige Gemeinsamkeiten und Unterschiede in den Interessen und Vorgehensweisen aufzeigen, die für die Haltung der beiden Staaten auf europäischer Ebene und zur Überprüfung der Ausgangsthese dieser Arbeit von Belang sind.

Beide Länder sind von Einwanderung aus unmittelbar angrenzenden Herkunfts- und Transiträumen stärker betroffen als andere Mitgliedstaaten und haben daher ein besonderes Interesse an effizienten Kontrollen ihrer Außengrenzen und an der Bekämpfung der irregulären Einwanderung. (Deutschland war einer der Initiatoren des Schengen-Pozesses, dessen Besitzstand Spanien mit dem Beitritt zur EU übernommen hat.) Gleichzeitig unterhalten sie vielfältige Beziehungen in diese Regionen und sind aus eigenem Interesse an deren wirtschaftlicher und politischer Stabilität stark interessiert, was in unterschiedlichen Interessenschwerpunkten z.B. bei der Osterweiterung der Union und der Europäischen Mittelmeerpolitik deutlich wird. Während Deutschland über jahrzehntelange Erfahrung mit beträchtlicher Einwanderung verfügt, ist Immigration in Spanien noch ein relativ neues Phänomen und Politikfeld, der Anteil von Einwanderern an der Bevölkerung vergleichsweise gering. Deutschland hat seine Nettoeinwanderung, vor allem von Flüchtlingen, Asylbewerbern und Spätaussiedlern seit den neunziger Jahren drastisch reduziert. Kettenmigrationen zur eingewanderten Bevölkerung bilden den Hauptzugang. Dagegen haben sich Spaniens Einwandererzahlen in den letzten fünf Jahren verdoppelt, hauptsächlich durch Arbeitsmigration und Legalisierungen von irregulären Einwanderern.

Beide Mitgliedstaaten erleben aufgrund des demographischen Wandels Alterungsprozesse der Bevölkerung. Sie haben außerdem mit erheblichem Bevölkerungsrückgang und Rückgang des Erwerbskräftepotentials zu rechnen. In beiden Ländern bestehen schon heute trotz hoher Arbeitslosigkeit regionaler und sektoraler Arbeitskräftebedarf an qualifizierten aber auch an gering und nicht qualifizierten Arbeitskräften, der auf den jeweiligen Arbeitsmärkten nicht gedeckt werden kann. Beide Länder werden daher in Zukunft Einwanderung benötigen. Im Gegensatz zu Deutschland hat in Spanien in den letzten Jahren ein stetiger wirtschaftlicher Aufschwung stattgefunden. Spanien betreibt aktive Anwerbung von Arbeitskräften anhand jährlich für Sektoren und Regionen festgelegter Quoten und bilateraler Verträge mit bestimmten Drittstaaten.

---

[17] Der Verfasserin lagen die zwei Verhandlungsprotokolle aus dem ersten Halbjahr 2002 zur Auswertung, vor, in dem die spanische Präsidentschaft außerdem für Zurückhaltung bei der Verfolgung eigener Positionen sorgte. Unter dänischer Präsidentschaft liegt die Richtlinie seit Juli 2002 „auf Eis".

Dabei orientiert es sich neuerdings stärker als bisher an z.B. in Deutschland praktizierten Saisonarbeitsmodellen. Auch die Regularisierungsprozesse tragen letztlich
zur Deckung des Arbeitskräftebedarfs bei. Dagegen gilt in Deutschland offiziell seit
1973 ein Anwerbestopp, es existiert aber eine Vielzahl von Ausnahmeregelungen für
befristeten Arbeitsmarktzugang. Das vorerst gescheiterte Zuwanderungsgesetz sah
erstmalig eine Aufhebung des Anwerbestopps und ein neues, flexibles System für
demographische und arbeitsmarktbezogene Einwanderung vor, so auch ein Punktesystem, das Integrationskriterien berücksichtigt.

Zwischen den Systemen des sozialen Schutzes beider Staaten besteht noch ein großes
Gefälle vor allem hinsichtlich der beitragsunabhängigen Leistungen (Sozialhilfe,
Familienleistungen etc.), die sich in Spanien noch im Aufbau befinden, während
Deutschland umfassende Schutzsysteme auch für Immigranten vorhält. Ein domi-
nierendes Element der deutschen Diskussion um Einwanderung, die Angst vor Miss-
brauch der Sozialsysteme und der Belastung öffentlicher Kassen durch ungesteuerte
Einwanderung, spielt in Spanien daher bislang keine wichtige Rolle.

Tabelle 1:   Einflussfaktoren nationaler Einwanderungspolitik

Einflussfaktoren	Deutschland	Spanien
Geopolitische Lage	mitteleuropäisch, östliche Außengrenze der EU, Ziel- und Drehscheibe für Ost-West-Migrationen	südeuropäisch, südliche Außengrenze der EU, Ziel und Tran- sitziel von Süd-Nord-Migratio- nen
historische politische Verbindungen	zu den mittel- und osteuro- päischen Ländern, insbe- sondere zu Polen und dem östlichen Mittelmeerraum	zu Lateinamerika und dem westlichem Mittelmeerraum, insbesondere zu Marokko
Einwanderungs- geschichte	seit 2. Hälfte 20.Jahrhundert erhebliche Einwanderung, 2000: 7,3 Mio Ausländer (8,9%) davon 1,5 Mio im Land geboren, 40% seit mehr als 15 Jahren in D. + ca. 3,2 Mio Aussiedler insgesamt+ ca. 1 Mio ein- gebürgerte Migranten größter Anteil aus Türkei (28%), Ex-Jugoslawien (10%), Italien (8,4%), Grie-	seit Mitte der 80er Jahre gerin- ge, aber stark zunehmende Ein- wanderung 2000: 1 Mio Aus- länder (2,5%), nach Regulari- sierungen irregulärer Einwande- rer im Land 2001: 1,24 Mio (3,1%),größter Anteil aus Ma- rokko (40%), Ecuador (8,4%), Peru (7,3%) und China (6,7%) Zuwanderung von Asylbewer bern spielt untergeordnete Rolle hoher Anteil irregulärer Ein

	chenland (5%) und Polen (4%)in den 90er Jahren hohe Zuwanderung von Asylbewerbern, irreguläre Migration seit etwa 10 Jahren steigend	wanderer aus Nordafrika, Lateinamerika u.a. Ländern
demographische Entwicklung	alternde und schrumpfende Bevölkerung, erwarteter Bevölkerungsrückgang bis 2030 von 82 auf 70 Mio Geburtenrate: 1,39 Kinder/Frau 2002[18]	alternde und schrumpfende Bevölkerung Geburtenrate: 1,15 Kinder / Frau 2002
wirtschaftliche Entwicklung, Arbeitsmarkt, Arbeitsmarktzugang	schwache wirtschaftliche Entwicklung, (Wachstumsrate 2001: 0,6% des BIP)[19] Arbeitslosigkeit 2002: 8,3%, gleichzeitig regionaler und sektoraler Arbeitskräftemangel, große Schattenwirtschaft, hohe Arbeitskräftenachfrage im informellen Sektor, vor allem Bauwirtschaft, Hotel- u. Gaststättengewerbe, Privathaushaltegrundsätzlich Anwerbestopp für ausländische Arbeitskräfte, aber Vielzahl von Ausnahmeregelungen für befristeten Arbeitsmarktzugang und Saisonarbeit vor allem aus Osteuropa	schnelles Wirtschaftswachstum von 4,2% 2001hohe Arbeitslosigkeit 2002: 11,3%,regionaler, sektoraler Arbeitskräftemangel, große Schattenwirtschaft, hoher Arbeitskräftebedarf im informellen Sektor, vor allem in der Landwirtschaft und in Privathaushalten aktive Anwerbung von Arbeitskräften (jährliche Quoten und bilaterale Verträge mit bestimmten Staaten in Lateinamerika + Osteuropa, sowieMarokko) und Regularisierungen
sozialer Schutz	umfassende soziale Schutzsysteme inkl. beitragsunabhängige Leistungen demograhischer Wandel - Krise der sozialen Sicherungssysteme	Soziale Schutzsysteme, vor allem beitragsunabhängige Leistungen noch im Aufbau, demographischer Wandel - Krise der sozialen Sicherungssysteme

---

[18] (CIA 2002).
[19] (CIA 2002).

Während in Deutschland vor allem Ende der 80er, Anfang der 90er Jahre massive Zuwanderung von Asylbewerbern, Flüchtlingen und Aussiedlern als bedrohlich wahrgenommen, die Aufnahmekapazität als erschöpft betrachtet wurde und man mit drastischen Verschärfungen des Ausländer- und Asylrechts bis hin zur Grundgesetzänderung reagierte, wird in Spanien die aktuelle Situation der zahlreichen (versuchten und erfolgreichen) illegalen Grenzübertritte auf dem Seeweg an den südlichen Außengrenzen als bedrohlich erlebt. Spanien sieht sich daher in Fragen der Steuerung von Einwanderung unter akutem Handlungsdruck. In den letzten zwei Jahren hat auch in Spanien dort vorher kaum wahrgenommene Xenophobie und Rassismus vor allem gegenüber marokkanischen Einwanderern zugenommen. In Deutschland erreichte dieses Phänomen in den 90er Jahren einen Höhepunkt, hat seitdem allerdings Verstetigung in immer festeren Strukturen erfahren. Fremdenfeindlichkeit wird von offizieller Seite in unterschiedlicher Weise als Begründung für die Notwendigkeit von Zuwanderungsbegrenzung herangezogen.

Trotz der verschiedenen Ausgangssituationen lassen sich für beide Staaten auffallende Differenzen zwischen der Einwanderungsrealität und ihrer Wahrnehmung feststellen, die stark von Ängsten und Bedrohungsszenarien massenhafter Süd-Nord-Migrationen und Ost-West-Migrationen beherrscht werden. Die öffentliche Auseinandersetzung um Einwanderung ist in beiden Ländern von Irrationalität und parteipolitischer Polarisierung gekennzeichnet. So wurde die deutsche Angst vor Einwanderung in die Sozialsysteme z.B. bei vorangegangenen Erweiterungsrunden der EU trotz unterschiedlicher Standards nicht als gerechtfertigt bestätigt. Und die als invasionsartig beschriebenen irregulären Einreisen aus Nordafrika nach Spanien bilden dort quantitativ nur einen geringen Teil der Zuwanderungen. Polarisiert wird in beiden Ländern vor allem zwischen den traditionellen Parteien, eine Instrumentalisierung der Einwanderungspolitik durch Rechtspopulisten ist nicht relevant. Unterschiede bestehen in den Schwerpunkten der Diskussion. Während in Deutschland Fragen der Integration von Einwanderern und der Asylpolitik im Mittelpunkt stehen, liegt in Spanien der Fokus auf der Bekämpfung irregulärer Einwanderung und Immigration als sicherheitspolitischem Problem.

Signifikante Unterschiede weisen Deutschland und Spanien in der politischen Kultur im Umgang mit Einwanderung auf. Diese ist in beiden Ländern zwar gleichermaßen widersprüchlich: Deutschland vertrat über Jahrzehnte die symbolische Politik eines Nichteinwanderungslandes bei gleichzeitig pragmatischer Verwaltung sozialer Integrationprozesse. Spanien wiederum betont die Wichtigkeit restriktiver Einwanderungskontrolle, führt aber regelmäßig Regularisierungen als aktives Integrationselement für irreguläre Einwanderer durch. Dennoch werden gerade im Umgang mit irregulärer Einwanderung ein unterschiedliches Selbstverständnis und andere Traditionen erkennbar. Deutschland verfolgt einen sehr legalistischen Ansatz. die in den letzten zehn Jahren auch hier angestiegene irreguläre Einwanderung wird öffentlich nicht thematisiert. Dagegen überwiegt in Spanien ausgeprägter Pragmatismus, mit dem z.B. durch Regularisierungen auf Unzulänglichkeiten bestehender Ausländergesetze ihrer Durchführung reagiert wird, auf finanzielle und administrative Schwierigkeiten bei der Rückführung irregulärer Einwanderer und auf Arbeitsmarktbedarfe, auch wenn damit Eingeständnisse gesetzlicher Mängel, ineffizienter Grenzkontrollen und Abschiebesysteme verbunden sind. Es wird – auch nach der Verschärfung des Ausländergesetzes durch die Konservativen – als selbstverständlich erachtet, irregulären Zuwanderern Zugang zu medizinischer Mindestversorgung und zur Pflichtschulbildung zu gewähren, was in Deutschland nicht der Fall ist.

Tabelle 1:   Einflussfaktoren nationaler Einwanderungspolitik

Einflussfaktoren	Deutschland	Spanien
Wahrnehmung des Migrationsdrucks und der eigenen Aufnahmekapazität	Migrationsdruck aus dem Osten und von Flüchtlingen wird als Bedrohung empfunden, Aufnahmekapazität wurde Ende 80er/ Anfang 90er Jahre als erschöpft betrachtet, Ängste vor Überfremdung und Einwanderung in die sozialen Sicherungssysteme; erhebliche Differenz zwischen Realität und Wahrnehmung	Migrationsdruck aus dem Süden (Herkunfts- und Transitregionen) wird als Bedrohung empfunden, Aufnahmekapazität wird regional als erschöpft betrachtet (südliche Grenze, Kanarische Inseln, Ceuta, Melilla), Ängste vor kultureller und ethnischer Überfremdung; erhebliche Differenz zwischen Realität und Wahrnehmung
Rassismus und Xenophobie	seit 90er Jahre: zunehmende latente und gewalttätige Xenophobie gewinnt immer festere Strukturen	in d. letzten Jahren latente und gewalttätige Xenophobie, vor allem gegenüber marokkanischen Einwanderern
öffentliche Debatte	emotional, ideologisch und polarisiert zwischen Regierungskoalition und CDU/ CSU. Nach kurzer Phase der Versachlichung und Konsenssuche um aktive Zuwanderungsgestaltung erneut Alarmismus und Fokus auf Begrenzung und Abwehr vor Bundestags- und Landtagswahlen. Breiter gesellschaftlicher Konsens zwischen Verbänden,	polarisiert zwischen Regierungspartei, regionalen Interessen für restriktivere Einwanderungskontrolle und liberalerer Position (Sozialisten, Gewerkschaften, Kirche, Initiativen und in Regionen mit Arbeitskräftebedarf) für Stärkung d. Immigranten rechte und Integration d. Einwanderer. Im Wahlkampf 2000: Politisierung von Einwanderung und Alarmismus, Fokus: Sicherheitsaspekte, Ein-

	Arbeitgebern, Kirchen, Gewerkschaften 2. Fokus: Integration der Einwanderer,irreguläre Einwanderung kein zentrales Thema der öffentlichen Debatte	wanderungskontrolle und Bekämpfung irregulärer Einwanderung
politische Kultur und sozialer Zusammenhalt	widersprüchlich, lange symbolische Politik der Nichtanerkennung der Einwanderungsrealität, gleichzeitig pragmatische Verwaltung sozialer Integrationsprozesse, parteipolitische Strategien vor sachgerechten Entscheidungen legalistische Herangehensweise breites zivilgesellschaftliches Engagement für Rechte und Integration der Einwanderer	widersprüchlich, Betonung effizienter Grenzkontrollen, gleichzeitig Regularisierungsprozesse als aktives Eingliederungsinstrument für irreguläre Einwanderer, sonst keine signifikante staatliche Integrationspolitik pragmatische Herangehensweisewachsendes zivilgesellschaftliches Engagement für die Rechte und Integration der Einwanderer

Deutliche Annäherungen sind im Staatsbürgerschaftsrecht der beiden Staaten erkennbar, durch Einführung von *ius soli*-Elementen in das deutsche Staatsangehörigkeitsrecht.

Sowohl Deutschland als auch Spanien sind aufgrund ihrer staatlichen Strukturen in den politischen Willensbildungs- und Gesetzgebungsprozessen starken regionalen Einflüssen unterworfen, die im Bereich der Einwanderungspolitik von unterschiedlichen Interessen geleitet sind (je nach Verteilung der Einwandererpopulation, spezifischen Interessen von Grenzregionen, Arbeitskräftebedarf, parteipolitischer Zusammensetzung der Regional-/Landesregierungen etc.), und denen auf nationaler Ebene wie auch in den europäischen Verhandlungen Rechnung zu tragen ist. Es bestehen darüber hinaus Interessenkonflikte zwischen staatlicher, regionaler, kommunaler Ebene, den Parteien, zivilgesellschaftlichen Akteuren und zwischen den in stark zersplitterter Zuständigkeit beteiligten Ressorts. Beide Staaten verfolgen neuerdings Ansätze zur Bündelung der Zuständigkeiten (Deutschland) oder der effizienteren Koordinierung der Migrationspolitik (Spanien) unter der Ägide des Innenministeriums und damit unter kontroll- und sicherheitspolitischer Ausrichtung. Eine stärkere Einbindung von Experten und Institutionen, von Regionen und Kommunen in die staatliche Einwanderungspolitik ist ein weiterer gemeinsamer Trend.

Tabelle 1:   Einflussfaktoren nationaler Einwanderungspolitik

Einflussfaktoren	Deutschland	Spanien
nationale Identität/Staatsangehörigkeitsrecht	ethnisch-kulturell, Abstammungsgesellschaft, nur langsamer Wandel, erst ab 2001 Staatsbürgerschaftsrecht mit *ius sanguinis* und *ius soli*-Elementen	ethnisch-kulturell, religiös geprägt, verschiedene ethnisch-kulturelle Identitäten, Staatsbürgerschaftsrecht mit *ius sanguinis* und *ius so*li Elementen
staatliche Strukturen	Föderalismus (16 Bundesstaaten), Interessenkonflikte zw. Bund, Ländern und Kommunen, verschiedenen Ressorts wie Arbeitsverwaltung/Innenministerium; Zersplitterung von Zuständigkeiten, mitseit 2000: Zuwanderungsgesetz Bündelung beim Innenministerium und nachgeordnetem Bundesamt für Migration und Flüchtlinge, Zuwanderungsrat auf Bundesebene	Autonomie (17 autonome Regionen) Interessenkonflikte zwischen Staat, Regionen und Kommunen und zwischen den zuständigen Ressorts Zersplitterung von Zuständigkeiten, ressortübergreifende Koordinierung der Migrations politik, in Federführung d. Innenministeriums,Beteiligung v. Regionen/Kommunen
rechtlicher Rahmen	Ausländergesetz von 1991, grundlegende Novellierung durch Zuwanderungsgesetz von 2002 sollte zum 1.1.2003 in Kraft treten; Entscheidung des Bundesverfassungsgerichts vom 18.12.2002 erklärt das Gesetz für nicht verfassungsgemäß zustande gekommen und damit für nichtig	Ausländergesetz 8/2000 vom 22.12.2000 in Kraft seit 23.01.2001,Verfassungsklage der sozialistischen Parlaments fraktion gegen das Gesetz anhängig seit März 2001wegen Verweigerung i. d. Verfassung garantierter Rechte für Irregu läre, wie Versammlungsfreiheit, Streikrecht u.a.
nationale Trends	erneut Betonung von Steuerung und Begrenzung der Zuwanderung, bedingte Öffnung für arbeitsmarktbezogene Zuwanderung für qualifizierte Arbeitskräfte, starker Fokus auf Integrationserfordernissen	Betonung der Bekämpfung von illegaler Einwanderung, Schleuserkriminalität, konsequente Rückführung, aktive Gestaltung regulärer Arbeitsimmigration durch umfassende bilaterale Verträge

Zum rechtlichen Rahmen ist anzumerken, dass Spanien sich bereits 1985 in seinem ersten Ausländergesetz nach der Demokratisierung, im Zuge der Beitrittsverhandlungen zur EU stark an der Gesetzgebung anderer Mitgliedstaaten orientierte und deren Konzepte übernahm, die auf vorübergehende Arbeitsaufenthalte abstellten und Sicherheit und Kontrolle in den Vordergrund rückten.

In beiden Staaten fand in den letzten Jahren deutliches Bemühen um eine aktive Gestaltung von Einwanderungspolitik und Modernisierung der dazu erforderlichen Gesetze in möglichst breitem politischen und gesellschaftlichen Konsens statt, das in Spanien in einem neuen Ausländergesetz (4/2000) und in Deutschland in einem Zuwanderungsgesetz seinen Niederschlag fand. Ausgangspunkt war die Einsicht, dass Einwanderung benötigt und in angemessener Weise gestaltet werden muss. In beiden Mitgliedstaaten ist diese Entwicklung allerdings umgeschlagen, orientiert sich die Migrationspolitik erneut statt an sachgerechten Entscheidungen hauptsächlich an partei- und wahltaktischen Überlegungen mit neuen Trends zur stärkeren Einwanderungsbegrenzung und -kontrolle. Nicht nur vor dem Hintergrund der Wahlerfolge rechtspopulistischer Parteien in anderen Mitgliedstaaten wird in beiden Ländern symbolisch erneut auf Abschottung gesetzt. Ergebnis der neueren Entwicklung ist in Spanien eine Verschärfung der Ausländergesetzgebung durch das Gesetz 8/2000 und in Deutschland letztendlich das vorläufige Scheitern des Zuwanderungsgesetzes mit als Konsequenz zu erwartenden Restriktionen im Bereich der humanitären Aufnahme, der arbeitsmarktbezogenen sowie der Zuwanderung aus demographischen Gründen.

Auf europäischer Ebene sind in der Haltung beider Staaten grundlegende Unterschiede, aber auch gemeinsame Interessen festzustellen.

So ist Deutschland einer der dominierenden Akteure in den Verhandlungen zwischen Kommission und Mitgliedstaaten. Seine Verhandlungsposition war bislang ausschließlich auf das national geltende Recht und das neue Zuwanderungsgesetz ausgerichtet. Dabei ist die Haltung Deutschlands vor allem von dem Anliegen geprägt, die Entscheidungskompetenz und damit die Kontrolle über Zugänge zum nationalen Territorium und Arbeitsmarkt nicht zu verlieren. Handlungsleitend sind Befürchtungen ungesteuerter massenhafter Einwanderungen in den deutschen Arbeitsmarkt und einer möglichen Belastung öffentlicher Kassen durch Inanspruchnahme sozialer Leistungen durch Drittstaatsangehörige, die aufgrund großzügiger europäischer Regelungen einen Anspruch auf Familiennachzug oder auf Weiterwanderung in einen zweiten Mitgliedstaat verwirklichen, aber auch durch neue Unionsbürger nach der Osterweiterung, weshalb Deutschland vehement für deren Freizügigkeit einschränkende Übergangsregelungen eintrat. Aufgrund seiner vergleichsweise hohen Einwandererzahl sind bindende europäische Regelungen in der Einwanderungspolitik für Deutschland von größter Relevanz. Vor diesem Hintergrund nahm Deutschland hinsichtlich der in dieser Arbeit untersuchten Vorschläge der Kommission zur Gestaltung legaler Einwanderung eine generelle Blockadehaltung ein und setzte in den Verhandlungen bereits weitgehende Berücksichtigung der spezifisch deutschen Rechtslage und Befindlichkeit durch. Dies betrifft sowohl den Richtlinienvorschlag zur Familienzusammenführung, der (in seiner ursprünglichen Fassung) in Deutschland zu einer erheblichen Ausweitung des Potenzials der Nachzugsberechtigten geführt hätte, als auch die Richtlinienvorschläge über den Status der langfristig aufenthaltberechtigten Drittstaatsangehörigen und über die arbeitsmarktbezogene Einwanderung. Von großem Interesse ist für Deutschland z.B. die Möglichkeit der Berücksichtigung von Integrationserfordernissen bei der Einwanderung.

Dagegen ist Spaniens Haltung gegenüber einer europäischen Einwanderungspolitik in geringerem Maße auf nationales Recht fixiert und insgesamt wesentlich offener. Einerseits hat Spanien bereits mit dem EU-Beitritt Anpassungen des eigenen nationalen Rechts an Standards anderer Mitgliedstaaten vorgenommen und die Verpflichtungen des Schengen-Besitzstandes akzeptiert. Zum anderen sieht es in der europäischen Harmonisierung der Migrationspolitik eher die Chance, Unterstützung seiner eigenen Bemühungen im Bereich der Außengrenzkontrolle und der wirksamen Steuerung von Einwanderung zu erhalten, als die Einschränkung eigener Handlungsspielräume. Dies gilt gleichermaßen für das spanische Interesse an einem verbindlichen europäischen Engagement zur Schaffung eines euro-mediterranen Raumes des Wohlstands, des Friedens und der Stabilität und im Bereich der Gemeinsamen Europäischen Mittelmeerstrategie, wie auch für europäische Unterstützung bei der Sicherung der Außengrenzen und in den Verhandlungen mit Herkunfts- und Transitländern. Gemeinsam mit Deutschland hat Spanien ein hohes Interesse an einer engen europäischen Zusammenarbeit in der Justiz-, Innen- und Sicherheitspolitik, vor allem auf dem Gebiet von Migration und Terrorismusbekämpfung. In den Verhandlungen der untersuchten Richtlinienentwürfe stellt sich Spaniens Position im Vergleich zu Deutschland eher zurückhaltend und weniger beharrlich dar. Unterschiedliche nationale Hintergründe und Erfahrungen finden ihren Ausdruck darin, dass Spanien Integrationsanforderungen an Einwanderer (noch) vergleichsweise wenig Bedeutung beimisst, sich im Bereich der Familienzusammenführung gegen die Einbeziehung unverheirateter und gleichgeschlechtlicher Partnerschaften in den Geltungsbereich der Richtlinie ausspricht und gegen eine Stillstandsklausel eintritt, die eine Verschärfung des nationalen Rechts verbieten würde. Obwohl der Richtlinienentwurf noch nicht verabschiedet ist, hat Spaniens Innenminister bereits eine solche Verschärfung der nationalen Regelungen zur Anpassung an europäische Standards angekündigt und Deutschland als nachahmenswertes Beispiel angeführt. Im Gegensatz zu Deutschland bestreitet Spanien bei dem Richtlinienentwurf zur arbeitsmarktbezogenen Einwanderung nicht die Regelungskompetenz der Gemeinschaft und hält eine Verknüpfung mit der Europäischen Beschäftigungsstrategie für wichtig.

Tabelle 2:   Positionen in der europäischen Einwanderungspolitik

Europäische Einwanderungspolitik	Deutschland	Spanien
allgemein	Einsatz für Osterweiterung der Union nur mit die Freizügigkeit für Bürger der neuen Mitgliedstaaten beschränkenden Übergangsfristen, befürwortet verstärkte polizeiliche Kooperation, Kooperation im Grenzschutz, in d. Justiz, und wirksamere Kontrolle der Außengrenzen, in den Verhandlungen d. Richtlinien-Entwürfe zur legalen Einwanderung generelle Blockadehaltung, Verhandlungsposition war bislang das Zuwanderungsgesetz; im aufgrund der Entscheidung des Bundesverfassungsgerichts vom 18.12.2002 erneut zu durchlaufenden Gesetzgebungsverfahrens sind weitere inhaltliche Zugeständnisse an CDU/ CSU und Bundesländer wahrscheinlich, Auswirkungen auf die Verhandlungspositionen sind noch offen	Einsatz für Europäische Mittelmeerpolitik (Barcelona-Prozess und Gemeinsame EU-Mittelmeerstrategie) zur Minderung des Migrationsdrucks, befürwortet enge Kooperation im Bereich Innen-, Sicher heits-, Justizpolitik und Harmonisierung der Migrations- und Flüchtlingspolitik, als Unterstützung der eigenen Interessen,Zurückhaltung in den Verhandlungen der Richtlinienentwürfe zur legalen Einwanderung
Familienzusammenführung	befürwortet restriktivere Fassung des Familienbegriffes, ist unter bestimmten Umständen für Absenkung des Kindernachzugsalters auf 12 Jahre; besteht auf Nichtabschaffung der Inländerdiskriminierung durch den Richtlinienentwurf (Herausnahme aus d. Anwendungsbereich), größere natio-	gegen Einbeziehung von dauerhaften nicht verheirateten und gleichgeschlechtlichen Partnerschaften in den Familienbegriff der Richtlinie, gegen Stillhalte klausel, die Verschärfung des nationalen Rechts verbietet

	nale Handlungsspielräume und ‚fakultative Besitzstands-klausel' zur Beibehaltung/ Schaffung günstigerer Regelungen	
Behandlung von Drittstaatsange-hörigen	tritt für nicht zu niedrige Zugangsschwelle zum Daueraufenthaltsrecht für Geringqualifizierte ein, um Belastung öffentlicher Kassen zu verhindern, fordert Kohärenz zum Zuwanderungsgesetz bei Sicherung fester Einkünfte; sieht Probleme bei durch nationale Maßnahmen legalisierten irregulären Einwanderern, hat Vorbehalte bei an den Daueraufenthaltsstatus geknüpften individuellen Rechten (Zugang zum Arbeitsmarkt und Anspruch auf soziale Sicherheit); auch Vorbehalte bezüglich Regelungen zur ‚Weiterwanderung' in 2. Mitgliedstaat, will Export von Sozialhilfeeistungen vermeiden; will Gewährung von Daueraufenthaltsstatus und ‚Weiterwanderung' in 2. Mitgliedstaat v. Integrationskriterien und Teilnahme an Integrationsprogrammen abhängig machen dürfen sowie weitere Einzelvorbehalte	relativ offene Haltung, aber Bedenken gegen Freizügigkeit ähnlich wie bei Unionsbürgern und bei manchen Elementen der Gleichbehandlung
Arbeitssmarkt-orientierte Einwanderung	bereits zu Beginn der Verhandlungen massive Vorbehalte: hinsichtlich der im Richtlinienentwurf nicht enthaltenen Auswahl nach Punktesystem u. bezogen auf deutsche Be-	Position noch ziemlich unbestimmt, allgemeiner Prüfvermerk wegen Prüfung des Richtlinienentwurfs auf nationaler Ebene; will sich Visumserteilung zusätzlich zum

sonderheit des dualen Ausbildungssystems; bestreitet Gemeinschaftskompetenz zur Regelung des Arbeitsmarktzugangs für Drittstaatsangehörige und betont die Kompetenz der Mitgliedstaaten zur Regelung des Umfangs des Arbeitsmarktzugangs, weiteres Vorgehen aufgrund d. innenpolitischen Brisanz der Richtlinie offen

Aufenthaltstitel vor Einreise offen halten;bestreitet nicht die Regelungskompetenz der Gemeinschaft, hält Verknüpfung mit der Europäischen Beschäftigungsstrategie für relevant

5.   Zusammenfassung und Bewertung

Für die Analyse europäischer Einwanderungspolitik sind die Perspektive der Mitgliedstaaten, deren nationale Interessen und Rahmenbedingungen von zentraler Bedeutung. Gemeinsames Interesse besteht vor allem an der Einwanderungskontrolle zum eigenen Territorium, der Gewährleistung der inneren Sicherheit und an der Bewahrung und Entwicklung des inneren Zusammenhaltes und der nationalen Identität. Eine Vielzahl von Einflussfaktoren wie die geopolitische Lage, historisches Erbe und politische Kultur, die eigene Einwanderungsgeschichte, demographische, wirtschaftliche, soziale und kulturelle Aspekte, innenpolitische und internationale Verpflichtungen führt jedoch auch zu unterschiedlichen Interessenlagen und nationalen Politiken.

Deutschland hat als eines der größten Einwanderungsländer Europas jahrzehntelange Erfahrung mit Immigration. Als Drehscheibe für Ost-West-Wanderungen verfügt es über besondere Migrationsbeziehungen zu den osteuropäischen Ländern und dem östlichen Mittelmeerraum. Größte Einwanderergruppen sind deutschstämmige Aussiedler, Einwanderer aus der Türkei und aus dem ehemaligen Jugoslawien, Italiener, Griechen und Polen. Trotz seiner langen Einwanderungsgeschichte bestritt Deutschland bis vor kurzem, ein Einwanderungsland zu sein. Seit 1973 gilt offiziell ein Anwerbestopp für Arbeitsmigranten, bei einer Vielzahl gleichzeitig praktizierter Ausnahmeregelungen für temporäre Arbeitsmigration und Saisonarbeit. Der größte Teil der Immigranten hat sich dauerhaft in Deutschland niedergelassen; ein sozialer Integrationsprozess hat stattgefunden. Anfang der 90er Jahre wurde die nach dem Fall des Eisernen Vorhangs stark angestiegene Zuwanderung von Asylsuchenden, Kriegsflüchtlingen und Aussiedlern durch Verschärfung der nationalen Gesetze einschließlich Verfassungsänderung empfindlich eingeschränkt. Den größten Zugang nach Deutschland bilden Kettenmigrationen im Rahmen des Familiennachzugs. Trotz wirtschaftlicher Rezession und hoher Arbeitslosigkeit besteht sektoraler und regionaler Arbeitskräftebedarf an hochqualifizierten und geringqualifizierten Arbeitskräften, der auf dem nationalen

Arbeitsmarkt nicht gedeckt werden kann. Der demographische Wandel wird zu einem weiteren Rückgang des Erwerbstätigenpotenzials und zu einer schrumpfenden und alternden Bevölkerung führen. In den letzten Jahren zeichnete sich ein Paradigmenwechsel im politischen Diskurs um Einwanderungspolitik im Sinne der Anerkennung der Einwanderungsrealität und einer aktiven Steuerung und Gestaltung erwünschter Zuwanderung nach Deutschland und der Förderung der Integration von Zuwanderern ab. Neben der Modernisierung des Staatsangehörigkeitsrechts, der Einführung einer *Greencard* für hochqualifizierte Arbeitsmigranten bestimmter Branchen, waren vor allem die Vorlage eines Gesamtkonzeptes zur Einwanderungspolitik durch die vom Bundesinnenminister eingesetzte *Unabhängige Kommission „Zuwanderung"* und ein von Bundestag und Bundesrat 2002 beschlossenes *Zuwanderungsgesetz* Meilensteine dieser Entwicklung. In der Debatte um das Gesetz, das zum 1.1.2003 in Kraft treten und zu einer grundlegenden Novellierung des Ausländer- und Asylrechts führen sollte, kam es jedoch erneut zu politischer Polarisierung und Dramatisierung von Einwanderung. Partei- und wahlkampftaktische Überlegungen traten in den Vordergrund, was zu einer fragwürdigen Abstimmung im Bundesrat und im Dezember 2002 zum Scheitern des Gesetzes vor dem Bundesverfassungsgericht führte. Im Mittelpunkt der Diskussion stehen wieder Schreckgespenster massenhafter ungesteuerter Zuwanderung, der Einwanderung in die sozialen Schutzsysteme und einer damit einhergehenden Belastung öffentlicher Kassen. Opposition und oppositionsregierte Bundesländer fordern eine stärkere Begrenzung und Kontrolle der Zuwanderung und lehnen die Aufhebung des Anwerbestopps und Einwanderung aus demographischen Gründen ab.

Auf europäischer Ebene ist Deutschland wichtiger Akteur in der Einwanderungspolitik. Geleitet von dem Interesse, Steuerungs- und Entscheidungsmöglichkeiten des Zugangs zum eigenen Territorium und zum nationalen Arbeitsmarkt nicht aufzugeben, blockiert es alle in den untersuchten Richtlinienentwürfen über den nationalen Rechtsrahmen hinausgehenden Vorschläge, die zu Ansprüchen auf Familiennachzug, Weiterwanderung und Arbeitsaufnahme von Drittstaatsangehörigen in einem zweiten Mitgliedstaat und Inanspruchnahme von Sozialleistungen dort führen könnten, und bestreitet, auf Druck des Bundesrates, die Regelungskompetenz der Gemeinschaft im Bereich der arbeitsmarktorientierten Zuwanderung in die Union. Auch die Möglichkeit, Einwanderern in stärkerem Maße als bisher Integrationsleistungen abfordern zu können, ist ein wichtiges deutsches Anliegen in den Verhandlungen.

Spanien hat sich erst seit Mitte der 80er Jahre von einem klassischen Emigrations- zum Einwanderungsland entwickelt. Die Zahl der Einwanderer ist noch vergleichsweise gering, hat sich jedoch in den letzten fünf Jahren verdoppelt. Aufgrund seiner geographischen Lage an den südlichen Außengrenzen der Europäischen Union und seiner Kolonialgeschichte spielen Migrationsbeziehungen zu Lateinamerika und Süd-Nord-Migrationen aus dem nördlichen Afrika eine hervorgehobene Rolle. Die größten Zuwanderergruppen stammen aus Marokko, Ecuador, Peru und China. Aufgrund eines schnellen und anhaltenden Wirtschaftswachstums, weist Spanien trotz der höchsten

Arbeitslosigkeit in der Union ebenfalls einen hohen regionalen und sektoralen Arbeitskräftemangel auf, z.B. in der Landwirtschaft und im Dienstleistungsbereich. Die demographische Entwicklung ist tendenziell der deutschen vergleichbar. Spanien hat sich im Zuge seines Beitritts zur Europäischen Union von Anfang an an den hinsichtlich Zuwanderung erfahreneren Mitgliedstaaten orientiert und schnell und flexibel deren restriktive Gesetzgebung und die Schengen-Standards übernommen. Dennoch steht Spanien dem Schengenansatz einer „Festung Europa" eher kritisch gegenüber und sucht neben grenzsichernden Maßnahmen auch in der Entwicklungszusammenarbeit im Mittelmeerraum eine Antwort auf den wachsenden Migrationsdruck. Die Zahl irregulärer Einwanderer in Spanien ist vergleichsweise hoch. Ganze Wirtschaftszweige, wie der Obst- und Gemüseanbau Almerias und Huelvas sind nur aufgrund ihrer billigen und flexiblen Arbeitskraft konkurrenzfähig. Für die gesellschaftliche Akzeptanz der Einwanderer ist in Spanien weniger die Legalität ihres Aufenthalts ausschlaggebend, als die Frage, ob sie einer Arbeit nachgehen. Als bedrohlich wird die ansteigende Zahl illegaler Grenzübertritte an den südlichen Außengrenzen und in den Enklaven Ceuta und Melilla erlebt, die das Bild von Einwanderung in der öffentlichen Debatte bestimmen, zu Überfremdungsängsten in der Bevölkerung, ersten massiven Ausbrüchen fremdenfeindlicher Gewalt führten und eine technische und personelle Aufrüstung an den spanischen Südgrenzen hervorriefen. Seit den neunziger Jahren hat Spanien einen Bedarf an arbeitsmarktbezogener Zuwanderung ausdrücklich anerkannt und über jährlich festgelegte Quoten Anwerbung von ausländischen Arbeitskräften betrieben. Daneben wurde irregulären Einwanderern regelmäßig die Möglichkeit zur Legalisierung ihrer Situation eingeräumt, wovon in großer Zahl Gebrauch gemacht wurde.

In den vergangenen Jahren fand auch in Spanien eine politische Auseinandersetzung um die Modernisierung der Einwanderungspolitik statt. Ergebnis war zunächst ein erheblich liberaleres Ausländergesetz, das im Februar 2000 in Kraft trat. Dieses wurde von der regierenden Volkspartei nach ihrem Wahlsieg 2000 mit Hilfe der nun erreichten absoluten Mehrheit in beiden Kammern des Parlaments durch ein neues Gesetz (8/2000) in weiten Teilen revidiert und vor allem bezogen auf die Rechte irregulärer Einwanderer verschärft. Gegen das Gesetz ist eine Verfassungsklage anhängig, die sich auf die Einschränkung in der Verfassung garantierter Rechte bezieht, und bis zu deren Entscheidung erfahrungsgemäß mehrere Jahre vergehen können (Gortázar 2002). Eine weitere Verschärfung des seit Januar 2001 geltenden Rechts wurde von Regierungsseite im Juni 2002 unter Hinweis auf europäische Standards avisiert. Ein Novum spanischer Migrationspolitik ist der Abschluss umfassender bilateraler Anwerbeverträge mit bestimmten Ländern, die sowohl die Einreise und Rückkehr von Arbeitskräften und ihrer Familien, Fragen der (Entwicklungs-)Zusammenarbeit, sowie Grenzkontrolle und Rückübernahmeverpflichtungen regeln. Den Arbeitskräften aus diesen Ländern wird Priorität bei der arbeitsmarktbezogenen Einwanderung eingeräumt. Spanien unternimmt seit 2000 den Versuch, die unterschiedlichen Aspekte von Migration in einem umfassenderen Ansatz und ministerienübergreifend anzugehen.

Auf europäischer Ebene tritt Spanien in den Verhandlungen weniger bestimmend und nicht so sehr auf nationales Recht fixiert in Erscheinung. Es sieht in einer Harmonisierung der Migrationspolitik eher eine Chance, Unterstützung der eigenen Bemühungen im Bereich der Außengrenzkontrolle und der wirksamen Steuerung von Einwanderung zu erhalten, als die Einschränkung eigener Handlungsspielräume. Gleichwohl möchte es die Möglichkeit zur Verschärfung nationaler Regelungen z.B. zum Familiennachzug nicht eingeschränkt wissen. Ob und inwieweit die weniger restriktive und zurückhaltendere Haltung Spaniens in den europäischen Verhandlungen auch damit zusammenhängt, dass andere Mitgliedstaaten wie Deutschland die Rolle der „Hardliner" übernehmen, ist nur schwer einzuschätzen und entzieht sich daher einer weiteren Erörterung.

An den dargestellten Beispielen Deutschlands und Spaniens werden, trotz unterschiedlicher Ausgangslage und Interessen, auf der Ebene der Mitgliedstaaten ähnliche Entwicklungen deutlich: Einwanderungspolitik hat im nationalen Kontext in den vergangenen Jahren erheblich an Bedeutung gewonnen; Versuche einer Modernisierung und Neuausrichtung nationaler Migrationspolitik fanden statt. Diese unterliegen jedoch einer innenpolitischen Dynamik, die sich weniger an demographischen, wirtschaftlichen und arbeitsmarktpolitischen Fakten und am mittel- und langfristig Erforderlichen orientiert, als an bevorstehenden Wahlkämpfen und parteitaktischen Überlegungen und dadurch kohärente Politik verhindert. In der politischen Auseinandersetzung klaffen Einwanderungsrealität und ihre Wahrnehmung oft deutlich auseinander, werden Bedrohungsszenarien vor positiven Aspekten von Einwanderung betont. Inkonsistenz besteht zum Teil zwischen der offiziellen Forderung nach verstärkter Einwanderungsbegrenzung und Abschottung der Außengrenzen und einer gleichzeitig nicht offensiv vertretenen, aber in erheblichem Umfang zugelassenen regulären - und irregulären - Arbeitsmigration. Effizientere Einwanderungskontrolle und die Bekämpfung illegaler Einwanderung wird übereinstimmend als notwendig erachtet, auch wenn Unterschiede in der Einschätzung der Dringlichkeit und in der Konsequenz der Umsetzung bestehen. Deutliche Abweichungen sind im Bereich der Integrationspolitik erkennbar. Eine umfassendere Behandlung und bessere Koordinierung nationaler Einwanderungspolitiken wird angestrebt.

Bei der aktiven Gestaltung legaler Zuwanderung auf europäischer Ebene verhindern kurzsichtige innerstaatliche Interessen und das Beharren auf nationalen Standards und Handlungsspielräumen die Einigung auf großzügige und umfassende Richtlinien im Rat. Gleichzeitig ist die Tendenz einer vorwegnehmenden Angleichung nationaler Politiken auf der Basis restriktiverer Regelungen anderer Mitgliedstaaten noch vor dem Zustandekommen verbindlicher europäischer Regelungen festzustellen. Dabei fällt auf, dass das Argument notwendiger Anpassungen an europäische Standards innerstaatlich durchgängig zur Durchsetzung von Einschränkungen und nicht etwa zur Schaffung günstigerer Regelungen herangezogen wird, wie in Spanien am Beispiel des neuen Ausländergesetzes 8/2000 und des Familiennachzugs nachzuweisen ist.

IV Europäische Einwanderungspolitik zwischen Kooperationszwang und Souveränitätsansprüchen

Europäische Einwanderungspolitik ist Mehrebenenpolitik und berührt traditionelle Bereiche staatlicher Souveränität. Sie bewegt sich in einem Spannungsfeld zwischen der Einsicht, dass Migration betreffende Fragen immer weniger in nationalen Kontexten gelöst werden können, und fehlender Bereitschaft der Mitgliedstaaten, nationale Souveränität in klassischen Bereichen der Innen- und Sicherheitspolitik an die supranationale Ebene abzugeben (Märker 2001). Dieses Spannungsverhältnis bewirkt, dass sich die Entwicklungen in diesem Politikfeld dynamisch und zögerlich zugleich gestalten (Tomei 1997: 12). Das folgende Kapitel beleuchtet die Frage, welche Wechselwirkungen in der europäischen Einwanderungspolitik im Zusammenspiel zwischen Mitgliedstaaten und Union zum Tragen kommen und welche Tendenzen derzeit zu verzeichnen sind.

1. Die integrationspolitische Dimension europäischer Einwanderungspolitik

Die Auswirkungen fortschreitender Globalisierung und das Wesen globaler Migrationsbewegungen entziehen Einwanderungsprozesse zunehmend nationaler Steuerbarkeit und erfordern eine verstärkte Abstimmung und Zusammenarbeit im europäischen Kontext (Märker 2001). Der politische Raum nationalstaatlichen Handelns und seine Logik muss sich von dem des klassischen souveränen Nationalstaats des 19. Jahrhunderts unterscheiden. Durch internationale Kooperation hoffen die Staaten ihre auf nationaler Ebene verloren geglaubte Steuerungsfähigkeit wiederzuerlangen (Tomei 1997: 65). Neben diesem Wunsch ist es jedoch vor allem der europäische Integrationsprozess selbst, der seit den siebziger Jahren im Bereich der Migrationspolitik einen „Kompetenzwandel vom sozialpolitisch motivierten Konzertierungsverfahren hin zur eigenständigen Kompetenz für Inneres" als neuem gemeinschaftsrechtlich konstituierten Politikfeld bewirkte (Sieveking 2000: 28; Märker 2001: 3) und „quasi automatisch" eine Europäisierung der Migrationspolitik nach sich zieht (Tomei 1997: 61).

Das Ziel und die innere Logik der europäischen Integration ist auf die freie Bewegung von Gütern, Kapital und Dienstleistungen sowie auf die Freizügigkeit von Beschäftigten und ihren Familien als elementare Grundfreiheiten gerichtet. Die Schaffung des europäischen Binnenmarktes und der damit einhergehende Wegfall der Binnengrenzen führten in ihrer Konsequenz zur gemeinsamen Außengrenzkontrolle und einer gemeinsamen Regelung der Einreise und des Aufenthalts von Drittstaatsangehörigen, auch wenn die Mitgliedstaaten ausdrücklich auf ihrer nationalen Souveränität in dieser Frage beharrten (Angenendt 2002a: 547), und die Zusammenarbeit mit den Schengen-Abkommen zunächst auf zwischenstaatlicher Basis einiger Staaten stattfand. Mit dem Vertrag von Maastricht wurden 1993 Asyl- und Migrationspolitik daher erstmalig als *Angelegenheiten von gemeinsamem Interesse* in einer neuen dritten Säule intergouvernementaler Zusammenarbeit auf dem Gebiet der Rechts- und Innenpolitik in den rechtlichen und institutionellen Rahmen der EU aufgenommen (vgl. Seite 11). Die Adhoc-Kooperation der Regierungen wandelte sich damit zur formellen Zusammenarbeit innerhalb des europäischen Institutionengefüges (Tomei 1997: 13). Die Europäische Union nimmt heute teilweise die Rolle einer eigenständigen Kraft, teilweise die eines Referenzrahmens für Mitgliedstaaten und Nicht-Mitgliedstaaten ein. Einerseits kann sich die Einwanderungspolitik eines jeden Mitgliedstaates auf die Politik anderer europäischer Länder und auf die der Gemeinschaft auswirken; andererseits wirkt der europäische Einigungsprozess selbst direkt oder indirekt auf nationale Prozesse ein (Brochmann 1999a: 333). So wirft die mit dem Fortschreiten des Integrationsprozesses zunehmende Gleichstellung von EU-Bürgern mit den eigenen Staatsangehörigen auch die Frage nach einer Gleichstellung von Drittstaatsangehörigen auf. Die Notwendigkeit eines gemeinsamen Aufenthaltsstatus und mit ihm verbundener Arbeits- und Sozialrechte für Drittstaatsangehörige ergibt sich als logische Folge der Freizügigkeit im Innern der Union und ist somit ein unerlässlicher Aspekt der integrationspolitischen Dimension europäischer Einwanderungspolitik (Tomei 1997: 62). Europäische Migrationspolitik ihrerseits fördert den weiteren europäischen Einigungsprozess, indem die migrationspolitische Zusammenarbeit die Dynamik des Integrationsprozesses in einen weiteren Bereich der Mitgliedstaaten trägt (Tomei 1997: 64). Schon im Zusammenhang mit Maastricht zeichnete sich der Wunsch einiger Mitgliedstaaten ab, die europäische Ebene künftig stärker zur Bewältigung nationaler Migrationsprobleme zu nutzen. Dies bezog sich vor allem auf eine gerechtere Lastenteilung bei der Aufnahme von Flüchtlingen, aber auch auf die Kontrolle illegaler Migration oder die Abmilderung des Migrationsdrucks (Heckmann und Tomei 1997). Deutschland, das von Zuwanderungen (in absoluten Zahlen) stärker betroffen war als andere Mitgliedstaaten, sprach sich vor diesem Hintergrund für eine Übertragung umfassender Zuständigkeiten in der Asyl- und Einwanderungspolitik auf die europäische Ebene aus, was aber auf Ablehnung anderer Staaten stieß (Gusy 1994: 226). Einen zentralen rechtlichen Integrationsfortschritt stellten der Vertrag von Amsterdam und die mit ihm einhergehende Vergemeinschaftung der Asyl- und Migrationspolitik und Einbeziehung des Schengen-Besitzstandes in das Gemeinschaftsrecht dar, auch wenn für einen Übergangszeitraum von fünf Jahren bei Entscheidungen das Einstimmigkeitsprinzip gilt (vgl. Seite 12). Mit ihm bekundeten die Mitgliedstaaten ihre Absicht und Bereitschaft zu einer verbindlichen gemeinschaftlichen Regelung der Einwanderungspolitik in einem umfassenden Sinne (Märker 2001).

2. Souveränitätsansprüche der Mitgliedstaaten

Trotz des bedeutenden Fortschrittes durch den Vertrag von Amsterdam bleibt die rechtliche Harmonisierung europäischer Einwanderungspolitik eine mühsame Aufgabe. Das von Brochmann angeführte *Europäische Dilemma* liefert dafür nur zum Teil eine Erklärung: „Fear of their weak national position leads these countries to join forces, yet it is the same fear which holds them back" (Brochmann 1999b: 17). Die besondere Sensibilität des Politikfeldes Migration hängt mit seiner traditionell engen Verbindung mit konstitutiven Elementen des Staatsverständnisses und der inneren Sicherheit zusammen. Kontrolle über das eigene Territorium, der Zugang dazu und die Aufnahme von Flüchtlingen sind Kernbereiche nationalstaatlicher Hoheitsrechte, die Integration von Fremden unmittelbarer Ausdruck nationalen Selbstverständnisses (Angenendt 1997b: 18). Die Kooperation in einer Migrationspolitik der Gemeinschaft hat folglich größere Auswirkungen auf die Souveränität der jeweiligen Nationalstaaten als eine Zusammenarbeit in vielen anderen Politikfeldern (Heckmann und Tomei 1997: 224). Sie berührt, wie in Kapitel III deutlich wurde, zum Teil divergierende Interessen der Staaten, z.B. hinsichtlich regionaler Prioritäten bei der Fluchtursachenbekämpfung, oder etwa bei der Bekämpfung illegaler Beschäftigung als Mittel der Migrationskontrolle, die die Traditionen des jeweiligen Wirtschaftssystems und den unterschiedlichen Stellenwert der Schattenwirtschaft betrifft. Die „Rückwirkung auf die eigene Souveränität" beeinflusst die Kooperationsbereitschaft der Mitgliedstaaten in hohem Maße (Heckmann und Tomei 1997: 224–225). Nicht zuletzt spielt auch die allgemeine Debatte um die „Staatswerdung Europas" und um Kompetenzabgrenzungen zwischen der Gemeinschaft und den Mitgliedstaaten einerseits, Kommission, Rat und Parlament andererseits und die angemahnte Demokratisierung der EU eine wichtige Rolle (Sieveking 2000: 26), die gerade im Falle von stark dezentralisierten Staaten wie Deutschland und Spanien erhebliche Auswirkungen auf die inneren Strukturen haben kann. Beispielsweise bestehen in Deutschland im nationalen Rahmen zum Teil Vorbehalte dagegen, dass die Europäische Union ein umfassendes Konzept im Migrationsbereich verabschiedet (Beauftragte der Bundesregierung für Ausländerfragen 2002: 21) (vgl. auch III. 2.3.3). Zwar können die Mitgliedstaaten den bereits erreichten Grad an Europäisierung und Globalisierung nicht ignorieren, ohne bestehende Kooperationen und Verpflichtungen folgenreich aufzukündigen, allerdings führen die genannten Faktoren zu einer gewissen Dialektik in ihrem Kooperationsverhalten. Der Wunsch, dabei „jederzeit die Kontrolle über die Kooperation in Händen zu halten" (Heckmann und Tomei 1997: 228), wird im Festhalten am Einstimmigkeitsprinzip deutlich: Beim Abschluss des Amsterdamer Vertrages 1997 lehnte der damalige deutsche Bundeskanzler Kohl bei der Einwanderung, der Freizügigkeit innerhalb der EU und bei der sozialen Sicherheit von Wanderarbeitnehmern den Übergang zu qualifizierten Mehrheitsentscheidungen ab (Hausmann 2001). Bei der Regierungskonferenz von Nizza im Dezember 2000 wurden diese deutschen Positionen aufrechterhalten. Damit blieben zuwanderungs- und asylpolitische Fragen auf ausdrücklichen Wunsch Deutschlands weiterhin vom Prinzip der qualifizierten Mehrheit ausgenommen, um auf der Basis der bis 2004 erhofften vereinheitlichten Aufnahmepolitik neu verhandelt zu werden (Märker 2001: 9).

3.   Harmonisierung und offene Koordinierungsmethode

Spätestens seit dem Gipfel von Tampere versteht sich die Europäische Kommission mit ihren erweiterten Kompetenzen als Motor einer Migrationspolitik der Gemeinschaft. Die von ihr im Bereich der Gestaltung legaler Einwanderung seitdem vorgelegten Vorschläge für eine Harmonisierung stehen für einen Paradigmenwechsel von der bislang im Rahmen der intergouvernementalen Zusammenarbeit praktizierten Politik der Abschottung und Nullzuwanderung hin zu einem umfassenden Konzept einer demographisch begründeten und arbeitsmarktorientierten Einwanderungspolitik. Zur Entwicklung dieser Politik schlug sie die Schaffung eines entsprechenden Legislativrahmens und die Einführung eines offenen Koordinierungsmechanismus vor, wie er in der Beschäftigungspolitik und bei der Bekämpfung von Armut und sozialer Ausgrenzung zur Anwendung kommt (vgl. II. 3). Letzterer sollte Transparenz und Kohärenz zwischen den nationalen Politiken herstellen und, unter Wahrung einer flexiblen Schwerpunktsetzung und von nationalen Gepflogenheiten der Mitgliedstaaten, die Verwirklichung gemeinsamer Ziele gewährleisten (Vitorino 2001). Hinsichtlich des rechtlichen Rahmens unterbreitete die Kommission ihre Richtlinienvorschläge strikt an der thematischen Aufgliederung der Rechtsgrundlage des Artikels 63 EGV orientiert und wählte so, mit Rücksicht auf die Verhandlungen im Rat und die Tatsache einer erheblichen Abweichung des Zuwanderungsrechts in den einzelnen Mitgliedstaaten, eine „Strategie der kleinen Schritte" (vom Brocke 2002: 100).

Die offene Koordinierungsmethode wurde von den Mitgliedstaaten durchgängig abgelehnt, die darin mittelfristig die Gefahr einer Einschränkung nationaler Spielräume und eine unverhältnismäßige Stärkung von Kontrollfunktionen der Kommission sahen (Hägel und Deubner 2001; Bundesrat 2002). Von den einschlägigen unterbreiteten Richtlinienentwürfen, die sich teilweise in mehrmals überarbeiteter Fassung schon seit Jahren auf dem Verhandlungsweg befinden, wurde – trotz erheblicher Zugeständnisse an die nationalen Vorbehalte der Mitgliedstaaten – bislang noch keiner endgültig vom Rat beschlossen. Die Rechtsetzung hinkt bestehenden Zeitplänen hinterher. (vgl. II. 3.4). Die in Folge von Amsterdam und Tampere von der Kommission angestrebte Liberalisierung der Einwanderungspolitik wurde von einem Teil der Mitgliedstaaten nicht mitgetragen und gilt eher als Ursache für die weitere Beibehaltung des Einstimmigkeitsprinzips in Nizza (Märker 2001: 10). Durch dieses kann einzelstaatlichen Interessen mit großer Wirkung Geltung verschafft werden, bleiben die Mitgliedstaaten der bestimmende Faktor (vom Brocke 2002: 6). Jeder einzelne Mitgliedstaat kann jederzeit unabhängig von Größe und Stimmgewicht Entscheidungen im Rat blockieren. Gleichzeitig ist die Entscheidungsstruktur des Rates mit ihrer Vorbereitung durch Arbeitsgruppen auf Beamtenebene recht intransparent und wenig demokratisch. Die Mitgliedstaaten üben zwar über den Rat starken Einfluss im Rechtsetzungsverfahren aus, „aber dessen kooperative Verfahren ermöglichen es ihnen auch, sich hinter diesen zu verstecken und sich so der Kontrolle der nationalen Parlamente zu entziehen" (Gusy 2002: 541). Das europäische Parlament ist bis zum Übergang zu qualifizierten

Mehrheitsentscheidungen verpflichtend anzuhören, aber seine Empfehlungen sind nicht bindend (vgl. S. 13).

Die Auswirkungen der beschriebenen Mechanismen sind am Beispiel des Richtlinienvorschlags betreffend das Recht auf Familienzusammenführung (vgl. II. 3.4.2) anschaulich nachzuvollziehen: An ihm wird eine klare Tendenz erkennbar, den Mitgliedstaaten mehr Spielraum einzuräumen. Der Verhandlungsprozess entfernt sich von der ursprünglich in wesentlichen Bereichen angestrebten weitgehenden Harmonisierung und begnügt sich mit der Regelung von Mindeststandards, die den Mitgliedstaaten anheim stellt, über die Richtlinie hinaus Familiennachzug zuzulassen. Strittige Punkte werden ausgeklammert, oder es wird einzelnen Staaten die Beibehaltung abweichender Systeme gestattet. Von einer *inhaltlichen* Einigung im Rat kann angesichts der aktuellen Ausgestaltung der Richtlinie kaum noch die Rede sein (Beauftragte der Bundesregierung für Ausländerfragen 2002: 113; vom Brocke 2002: 104). Immerhin soll eine Stillstandsklausel verhindern, dass weitere Mitgliedstaaten sich von dem bereits erreichten Niveau entfernen. Auch soll die Richtlinie nur noch einen „ersten Schritt" zur Harmonisierung darstellen und zwei Jahre nach ihrer Umsetzung überprüft werden (Beauftragte der Bundesregierung für Ausländerfragen 2002: 113).

Der Europäische Rat hat bis auf die Notwendigkeit der fairen Behandlung von Drittstaatsangehörigen hinsichtlich legaler Zuwanderung bislang weder in Tampere noch bei darauffolgenden Gipfeln klare inhaltliche Positionen bezogen, stattdessen die Arbeitsweise im Rat für die langsamen Fortschritte verantwortlich gemacht (vom Brocke 2002). Für die Richtlinienentwürfe zur Familienzusammenführung und zum Status langfristig aufenthaltsberechtigter Drittstaatsangehöriger hat er in Sevilla die Zeitvorgabe beschlossen, der Rat möge bis zum 30. Juni 2003 eine Einigung herbeiführen (vgl. II.3.5). Gerade der Gipfel von Sevilla hat jedoch gezeigt, dass bezogen auf andere Aspekte einer gemeinschaftlichen Migrationspolitik deutliche Aussagen und Prioritätensetzungen des Europäischen Rates getroffen werden und Fortschritte in den Abstimmungen auf Ratsebene (Justiz und Inneres) in erstaunlicher Geschwindigkeit erzielt werden können. Dies trifft vor allem für den Bereich der Bekämpfung der illegalen Einwanderung zu (vom Brocke 2002: 105,106).

4.　Zusammenfassung und Bewertung

Trotz wachsender Einsicht, dass Migration betreffende Fragen immer weniger im nationalen Kontext gelöst werden können, widerstrebt es den Mitgliedstaaten, Souveränität in klassischen Bereichen der Innen- und Sicherheitspolitik an die europäische Ebene abzugeben. Dennoch zieht der europäische Einigungsprozess selbst spätestens seit Schaffung des Binnenmarktes eine Europäisierung der Einwanderungspolitik nach sich. Nationale Einwanderungspolitiken einzelner Mitgliedstaaten können sich heute direkt auf andere Mitgliedstaaten und auf die Politik der Gemeinschaft auswirken. Umgekehrt beeinflusst der Integrationsprozess nationale Entwicklungen.

Die europäische migrationspolitische Zusammenarbeit ihrerseits fördert wiederum den europäischen Einigungsprozess.

Den bislang größten integrationspolitischen Fortschritt im Bereich der Einwanderungspolitik stellt die Vergemeinschaftung der Migrationspolitik durch den Vertrag von Amsterdam dar, die die Kompetenz der Gemeinschaftsorgane, vor allem der Kommission stärkte, jedoch um den Preis des Einstimmigkeitsprinzips in den ersten fünf Jahren nach Umsetzung erkauft werden musste. Dass dieses sensible Politikfeld überhaupt von den Mitgliedstaaten in die Vergemeinschaftung überführt wurde, war alles andere als selbstverständlich und „selbst für europafreundliche Optimisten eher Vision denn realisierbare Möglichkeit" (Märker 2001: 9). Aufgrund der hohen Sensibilität dieses Politikbereiches, der beträchtlichen Rückwirkung einer europäischen Einwanderungspolitik auf die eigene Souveränität und aufgrund unterschiedlicher nationaler Interessen kommt es zu erheblichen Schwankungen und Widersprüchen im Kooperationsverhalten der Mitgliedstaaten. So setzte sich Deutschland noch im Zusammenhang mit Maastricht für eine umfassende Übertragung von Kompetenzen auf die europäische Ebene ein, um so andere Mitgliedstaaten für eine aus deutscher Sicht gerechtere Lastenteilung bei der Aufnahme von Flüchtlingen in die Pflicht zu nehmen. Im Vorfeld des Amsterdamer Vertrages und auch bei dem Reformgipfel in Nizza im Dezember 2000 war Deutschland hingegen Hauptverfechter der Beibehaltung des Einstimmigkeitsprinzips, um so auch weiterhin wirkungsvoll die eigenen Interessen durchsetzen und, im Vergleich zum deutschen Recht liberaler ausfallende, europäische Regelungen gegebenenfalls mit einem Veto blockieren zu können. Eine bedeutsame Rolle spielt in diesem Zusammenhang auch die Debatte um die „Staatswerdung Europas" und zu treffende Kompetenzabgrenzungen zwischen Gemeinschaft und Mitgliedstaaten einerseits, Kommission, Rat und Parlament andererseits.

Die von der Europäischen Kommission seit Amsterdam im Bereich der legalen Einwanderung unterbreiteten Vorschläge verfolgten in ihrer Zielrichtung eine Liberalisierung bisheriger europäischer Positionen und Herangehensweisen, erhielten jedoch von den Mitgliedstaaten nicht die erforderliche Unterstützung. Auch die von der Kommission gewählte Vorgehensweise einer thematischen *Strategie der kleinen Schritte* bei den Verhandlungen des Legislativrahmens konnte bislang keine sonderlichen Erfolge erzielen. Von den einschlägigen Richtlinienentwürfen wurde bislang noch keiner endgültig vom Rat beschlossen. Auch der von der Kommission vorgeschlagene offene Koordinierungsmechanismus wurde von den Mitgliedstaaten nicht akzeptiert. Es scheint bei weitem schwieriger, Einstimmigkeit über bindendes Recht herzustellen als über *soft law* im Rahmen der intergouvernementalen Zusammenarbeit. Im Bereich der Einwanderungsgestaltung gelingt offensichtlich nicht einmal das.

Aufgrund des Einstimmigkeitsprinzips bleiben die einzelnen Mitgliedstaaten im Rechtsetzungsverfahren weiterhin der entscheidende Faktor. Dessen intransparente und wenig demokratische Entscheidungsstrukturen werden von diesen nicht selten genutzt, um sich im politischen Prozess dahinter zurückzuziehen und auf nationaler Ebene einer Auseinandersetzung und der parlamentarischen Kontrolle auszuweichen. Hinsichtlich der relevanten Richtlinienvorschläge kann von einer *inhaltlichen* Einigung im Rat kaum noch gesprochen werden. Vielmehr ist die deutliche Tendenz erkennbar, den Mitgliedstaaten größere Handlungsspielräume einzuräumen, um überhaupt zu einer Einigung zu kommen. Dabei dürften adäquate Lösungen nur dann erreichbar sein, wenn *alle* Mitgliedstaaten bereit sind, auch punktuelle Abweichungen von ihrem Recht hinzunehmen. Der Verhandlungsprozess entfernt sich mehr und mehr von der ursprünglich in wesentlichen Bereichen angestrebten weitgehenden Harmonisierung und begnügt sich mit der Regelung von Mindeststandards. Dabei führt das Festhalten an nationalen Politikinteressen, wenn nicht immer zu einer Absenkung des als Mindeststandards gedachten Harmonisierungsniveaus, so doch zur Schaffung von darunter liegenden Ausnahmeregelungen zugunsten von verhandlungsstarken Staaten und damit letztlich zur Unterbietung des kleinsten gemeinsamen Nenners. Als Beispiel ist hier die Durchsetzung der deutschen Position zum Kindernachzugsalter zu nennen.

Die für die Richtlinienentwürfe zur Familienzusammenführung und zum Status langfristig aufenthaltsberechtigter Drittstaatsangehöriger vom Europäischen Rat in Sevilla beschlossene Zeitvorgabe, der Rat möge bis zum 30. Juni 2003 eine Einigung herbeiführen, lässt darauf schließen, dass der bisherige Verhandlungsstand vor dem Beitritt neuer Mitglieder durch verbindliche Rechtsakte umgesetzt werden soll, erforderlichenfalls um den Preis des Zugeständnisses weiterer Gestaltungsspielräume an die Mitgliedstaaten. Eine konsistente, aktive europäische Einwanderungspolitik ist folglich immer weniger erkennbar. Dagegen setzte der Europäische Rat in Sevilla erneut Prioritäten zugunsten der Begrenzung und Kontrolle von Immigration und der Bekämpfung der illegalen Einwanderung. In diesem Bereich wurden bisher sehr schnell Fortschritte auch auf Ratsebene erzielt und sind auch weiterhin zu erwarten.

Statt der mit dem Vertrag von Amsterdam und dem Gipfel von Tampere in Aussicht gerückten europäisierten Gestaltung einer aktiven Einwanderungspolitik ist als aktueller Trend eine Renationalisierung dieses Politikfeldes und eine deutliche Schwerpunktverlagerung zugunsten erneuter Abwehr- und Begrenzungspolitiken auch auf europäischer Ebene zu verzeichnen. Der vorgesehene Übergang vom Einstimmigkeitserfordernis zu Mehrheitsentscheidungen im Bereich der Migrationspolitik ab 2004 erscheint überdies äußerst fraglich. Hingegen hat der Europäische Rat in Sevilla die Zielsetzung einer Intensivierung der praktischen Zusammenarbeit und des koordinierten Vorgehens im Bereich Justiz und Inneres, im Bereich des Grenzschutzes und in der Kooperation mit den Herkunfts- und Transitländern bekräftigt.

V.   Schlussbetrachtung und Ergebnis

Die sich mit dem Vertrag von Amsterdam und dem Europäischen Rat von Tampere ankündigende Europäisierung der Einwanderungspolitik im Sinne eines umfassenden Gesamtkonzeptes, das den bestehenden Einwanderungsrealitäten und den demographischen und wirtschaftlichen Erfordernissen der Zukunft entspricht, ist wieder in weite Ferne gerückt. Der Versuch der Europäischen Kommission als Hüterin der Verträge, die Mitgliedstaaten für eine entsprechende, dem Gesamtinteresse der Europäischen Union dienende, gemeinsame Politikgestaltung zu gewinnen, muss vorerst als gescheitert betrachtet werden.

Perfektionierung der Außengrenzsicherung und die Bekämpfung unerwünschter und illegaler Einwanderung bilden auf europäischer Ebene wieder den kleinsten gemeinsamen Nenner. Die Einigung in diesen Bereichen schreitet zügig voran und lässt das Bild der *Festung Europa* von neuem am Horizont aufziehen. Dabei ist dieses Bild zutreffend und falsch zugleich: Falsch deshalb, weil Europa für viele Zuwanderer offen geblieben ist, die in den Mitgliedstaaten erwünscht sind, oder aufgrund internationalen und übergeordneten europäischen Rechts aufgenommen und toleriert werden; falsch außerdem, weil sich irreguläre Einwanderung auch künftig nicht wird verhindern lassen. Es ist jedoch zutreffend angesichts der neuerlichen Schwerpunktverlagerung zugunsten der Abwehr unerwünschter Zuwanderer, bevor sie über die europäischen Grenzen gelangen, und im Hinblick darauf, dass eine negative Allianz der Abwehr bislang der einzige tragfähige europäische Konsens ist, den die Union in der Einwanderungspolitik hervorgebracht hat und mit dem zur Zeit zu rechnen ist.

Auf der Ebene der untersuchten Mitgliedstaaten wurden in den vergangenen Jahren Versuche der Modernisierung und Neuorientierung nationaler Einwanderungspolitiken zugunsten einer Steuerung und Gestaltung demographisch begründeter und arbeitsmarktorientierter Zuwanderung unternommen. Die aktuellen Entwicklungen zeigen jedoch, dass auch dort die alten Widersprüche die neuen sind. Zukunftsfähige Politikkonzepte werden kurzfristigen, an parteipolitischen Interessen und an tatsächlichen oder vermeintlichen Ängsten der Bevölkerung orientierten Positionen geopfert. Die von der Kommission in ihrer Mitteilung über eine Migrationspolitik der Gemeinschaft eingeforderte *politische Führungsstärke* mit einem *eindeutigen Bekenntnis zur Förderung pluralistischer Gesellschaften* und dem *Hinweis auf die Vorzüge der Einwanderung und der kulturellen Vielfalt* (vgl. S.16) sucht man zur Zeit bei den Mitgliedstaaten vergeblich. Demographische und wirtschaftliche Notwendigkeiten werden tabuisiert und stattdessen eine symbolische Politik größtmöglicher Abwehr vertreten. Diese erscheint in Zeiten von Langzeitarbeitslosigkeit und Haushaltsdefiziten und angesichts einer sich erweiternden und erstarkenden Europäischen Union offensichtlich als probates Mittel, um den Wählern gegenüber die eigene Handlungsfähigkeit und Kontrolle über mögliche Einwanderungen unter Beweis zu stellen. Beide Staaten praktizieren nach ihren jeweiligen nationalen Gepflogenheiten trotzdem eine mehr oder weniger pragmatisch ausgerichtete arbeitsmarktbezogene Zuwanderungspolitik.

Wie am Beispiel Deutschlands nachgezeichnet werden kann, nimmt dabei der Widerspruch zwischen offizieller Abschottungsrhetorik und dem stetig wachsenden Anteil an Einwanderern zu und wirft neue innen- und integrationspolitische Fragen auf. Spanien wird sich diesen Fragen in Zukunft stärker zuwenden müssen als bisher. Vorerst dürfte dort angesichts des anhaltenden Migrationsdrucks aus dem Süden die Erhöhung der Effizienz bei der Verhinderung illegaler Grenzübertritte und bei der Rückführung unerwünschter Zuwanderer hohe Priorität genießen. Außerdem dürfte sich die Tendenz fortsetzen, das spanische Zuwanderungsrecht restriktiveren Standards anderer Staaten anzupassen, bevor bindende europäische Regelungen zustande kommen, deren Stillstandsklauseln dies verhindern könnten. Nichtsdestotrotz dürfte in Spanien auch zukünftig mit pragmatischen Lösungen zur Korrektur einwanderungspolitischer Fehlentwicklungen und Versäumnisse zu rechnen sein.

Für die deutsche Einwanderungspolitik lässt sich unschwer auch weiterhin ein Festhalten an den eigenen gesetzlichen Regelungen als nationalem und Europa gleichermaßen zu empfehlenden „Königsweg" prognostizieren. Innenpolitisch ist das Zustandekommen einer deutlich restriktiveren Version des Zuwanderungsgesetzes nicht unwahrscheinlich, mit Akzentsetzung auf der Begrenzung von Zuwanderung und ohne das vorgesehene Punktesystem für eine dauerhafte Einwanderung von qualifizierten Personen. Falls die politischen Konstellationen (auch nach den bevorstehenden Landtagswahlen) eine Einigung über ein solches „Zuwanderungsbegrenzungsgesetz" nicht erlauben, könnte, bei Zusage höherer Kostenbeteiligung des Bundes an die Länder, ein Integrationsgesetz als vorgezogener Schritt konsensfähig sein. Eine neue gesetzliche Regelung zur Steuerung von Zuwanderung wäre dann erst bei weniger konfliktträchtigen Konstellationen in Bundestag und Bundesrat wahrscheinlich. Dem insgeheim über Parteigrenzen hinweg bestehenden Grundkonsens über den vorhandenen Arbeitskräftebedarf dürfte auch bei Aufrechterhaltung des Anwerbestopps durch entsprechende Ausnahmeregelungen weiterhin Rechnung getragen werden.

Europäische Einwanderungspolitik kann als Lehrbeispiel dafür dienen, wie wenig ausgeprägt in den Mitgliedstaaten noch die Bereitschaft und das Bewusstsein für die Notwendigkeit sind, in über den Tellerrand kurzfristiger eigener Interessen hinausreichenden europäischen Konzepten zu denken. Sie lässt darüber hinaus deutlich erkennen, dass nationale Debatten in der Europäischen Union nur dann als ausreichend transparent gelten können, wenn die Wechselwirkungen nationaler und europäischer Politik offengelegt werden. Ganz sicher kein rühmliches Beispiel ist derzeitige nationale wie europäische Einwanderungspolitik für *good governance*, auf der Basis der im Weißbuch der Europäischen Kommission (Kommission 2001a) niedergelegten Grundsätze von Offenheit, Partizipation, Verantwortlichkeit, Effektivität und Kohärenz.

Da die aktuellen Einwanderungspolitiken auf nationaler und europäischer Ebene den zukünftigen wirtschaftlichen und demographischen Erfordernissen in Europa nicht gerecht werden, ist es jedoch, perspektivisch betrachtet, nur eine Frage der Zeit, bis die Notwendigkeit einer gemeinsamen Lösung so eindeutig zutage tritt, dass die Mitgliedstaaten als Herren der Verträge um europäische Anstrengungen nicht mehr umhinkommen werden. Die Schaffung europäischer Zuständigkeiten – selbst mit der Einschränkung des Einstimmigkeitsprinzips – bleibt hierzu eine erste wichtige Voraussetzung. In Anbetracht der verhältnismäßig kurzen Zeitspanne seit Inkrafttreten des Vertrages von Amsterdam und der Tatsache, dass vermeintliche Blockadesituationen sich in der langfristigen Betrachtung des europäischen Einigungsprozesses letztlich nur als Verzögerungen herausstellten, sollte man eine sachgerechte Einwanderungspolitik der Gemeinschaft nicht vorschnell verloren geben. Der voraussichtlich beschwerliche Weg dahin bedarf einer intensiven zivilgesellschaftlichen Lobbyarbeit und Begleitung, damit neben ökonomischen Nützlichkeitserwägungen und innen- und sicherheitspolitischen Aspekten auch die menschenrechtlichen Belange der Einwanderer und ihrer Familien hinreichend berücksichtigt werden und eine „europäische Identitätsbildung" sich nicht vorrangig aus einem Identitätsdiskurs der Exklusion von Drittstaatsangehörigen und einer Festungsmentalität speist.

Ein Jahr später... Ein Nachwort.

In der vorliegenden Masterarbeit wurden die politischen Entwicklungen auf europäischer Ebene und in beiden Mitgliedstaaten bis zum *31. Dezember 2002* berücksichtigt. An dieser Stelle möchte ich einige Anmerkungen zum aktuellen Sachstand nachtragen, wie er sich im Vorfeld der Veröffentlichung Anfang *Februar 2004* darstellt. Dabei ist festzustellen, dass sich die aufgezeigten Trends deutlich fortsetzen und die gewagten Prognosen Bestätigung finden.

Über die beiden zentralen Richtlinien-Vorschläge im Bereich der Familienzusammenführung und des Daueraufenthalts von Drittstaatsangehörigen wurde mittlerweile Einigung erzielt. Sie wurden im September und November 2003 vom Rat förmlich beschlossen. Erwartungsgemäß enthält die *Familiennachzugs-Richtlinie* (2003 / 86 EG) vielerlei Vorbehalte einzelstaatlicher Ausnahmeregelungen. Den Mitgliedstaaten werden in über dreißig Kann-Regelungen weitgehende Spielräume bei der Umsetzung eingeräumt. Kirchen und Nichtregierungsorganisationen haben die Entwicklung der Richtlinie immer wieder vehement als restriktiv und deutlich von den Zielen von Tampere abweichend kritisiert. Als ein bemerkenswerter Erfolg ihrer Lobbyarbeit ist zu verbuchen, dass das Europäische Parlament den Europäischen Gerichtshof anrufen wird (Rechtssache C-540/03) – Die Klage vom 22.12.2003 ist noch nicht förmlich zugestellt.), um die Nichtigkeit einzelner Bestimmungen der Richtlinie feststellen zu lassen, die gegen Artikel 8 der Europäischen Menschenrechtskonvention (Recht auf Privatheit, Recht auf Familienleben) verstoßen; so die mögliche Kindernachzugsgrenze von zwölf Jahren und die Möglichkeit von Quotenregelungen.

Auch die *Daueraufenthalts-Richtlinie* (2003 / 109 EG) hat große substantielle Einschränkungen erfahren, beispielsweise beim Gleichbehandlungsgebot. So können Mitgliedstaaten die Gleichbehandlung mit Inländern bei den Sozialhilfeleistungen auf Kernleistungen beschränken. Bei den finanziellen staatlichen Leistungen ist die Anwendung nun auf den Mitliedstaat begrenzt, in dem der Daueraufenthaltsberechtigte oder der Familienangehörige, für den Leistungsansprüche geltend gemacht werden, ihren Wohnsitz haben. Für den Zugang zu einer unselbständigen oder selbständigen Tätigkeit können im nationalen Recht vorgesehene Staatsangehörigkeitsvorbehalte geltend gemacht werden. Die Mitgliedstaaten können die Gewährung des Status eines Daueraufenthaltsberechtigten wie auch die Ausübung des Rechts auf Wohnsitznahme im zweiten Mitgliedstaat nun von der Erfüllung von Integrationskriterien und der Teilnahme an entsprechenden Programmen abhängig machen. Außerdem gestattet die Richtlinie den Mitgliedstaaten, das Recht auf Weiterwanderung an Quoten und das Nachrangprinzip bei der Prüfung der Zulassung zum Arbeitsmarkt zu knüpfen und schränkt damit ein Hauptanliegen des ursprünglichen Vorschlags, eine Art Freizügigkeitsrecht für Drittstaatsangehörige zu schaffen, empfindlich ein.

Hinsichtlich des *Zugangs zum Arbeitsmarkt* ist wenig Bewegung zu verzeichnen. Der entsprechende Richtlinienvorschlag stößt nach wie vor auf den Widerstand einiger Mitgliedstaaten.

Mit einer Mitteilung über Einwanderung, Integration und Beschäftigung (KOM (2003) 336) setzte die Kommission im Juni 2003 erneut einen Impuls für eine Migrationspolitik, die die Bedeutung von Einwanderung für die Zukunftsfähigkeit der Union als „wettbewerbsfähigstem und dynamischsten wissensbasierten Wirtschaftsraum der Welt mit dauerhaftem Wirtschaftswachstum, mehr und besseren Arbeitsplätzen und einem größeren Zusammenhalt" anerkennt und einbezieht. Auf der Basis eines Berichtes über die Integrationsmaßnahmen der Mitgliedstaaten kommt sie zu dem Ergebnis, dass mehr für die Integration der Einwanderer getan werden und die Bemühungen in den einzelnen Politikfeldern besser koordiniert werden müssen.

Der Europäische Rat von Thessaloniki erachtete im Juni 2003 die Erarbeitung einer „umfassenden und multidimensionalen Politik für die Integration der sich rechtmäßig in der EU aufhaltenden Drittstaatsangehörigen" in den Bereichen wirtschaftliche Teilhabe, Bildung und Sprachausbildung, Gesundheit und soziale Dienste, wohnungs- und städtebauliche Fragen sowie Kultur und Teilhabe am gesellschaftlichen Leben „innerhalb eines kohärenten Unionsrahmens" für erforderlich. Er bestätigte die Vorschläge der Kommission hinsichtlich des Ausbaus der Zusammenarbeit und des Informationsaustausches und der Erstellung eines jährlichen Berichts über Migration und Integration in Europa, verwies jedoch auch darauf, dass Konzeption und Umsetzung der Integrationspolitik in die Zuständigkeit der Mitgliedstaaten fallen, deren rechtlichen, politischen, wirtschaftlichen, sozialen und kulturellen Unterschieden Rechnung getragen werden muss.

Und wie steht es Anfang 2004 in der Einwanderungs- und Migrationspolitik um den *Übergang von der Einstimmigkeit zu qualifizierten Mehrheitsentscheidungen?* Der Europäische Konvent schlug in seinem Verfassungsentwurf für die Bereiche Asyl, Einwanderung und Visapolitik generell qualifizierte Mehrheitsentscheidungen vor. Jedoch wurde darin auch festgehalten, dass eine Harmonisierung im Bereich der Integration nicht angestrebt wird und die Festlegung der Zugangszahlen zum Arbeitsmarkt weiterhin in die Entscheidungskompetenz der Mitgliedstaaten fällt, eine Regelung, die vor allem auf Druck der deutschen Delegation in den Entwurf aufgenommen worden sein dürfte.

Zuletzt ein kurzer Blick in die untersuchten Mitgliedstaaten: In *Spanien* fand 2003 eine erneute Reform des erst Anfang 2001 in Kraft getretenen Ausländergesetzes statt, nachdem der Oberste Gerichtshof elf der insgesamt siebzig Artikel des geltenden Gesetzes zurückgewiesen hatte. Mit einer großen Mehrheit und in ungewöhnlicher Einigkeit zwischen der regierenden Volkspartei und der sozialistischen Opposition verabschiedete das Parlament am 2. Oktober 2003 die Gesetzesreform, die am 22. Dezember 2003 in Kraft trat. Das neue Gesetz soll die Abschiebung illegal eingereister Immigranten erleichtern; Strafmaßnahmen gegen Schleuser und bei Beschäftigung von Migranten in irregulären Situationen werden verschärft, ebenso mögliche Sanktionen gegen Fluggesellschaften und andere Transportunternehmen, deren Passagiere nicht die Einreisebedingungen nach Spanien erfüllen. Bei illegaler Einreise wird nunmehr ein zehnjähriges Einreiseverbot verhängt. Auch verschärft wurde die bisher recht liberale Handhabung des Familiennachzugs für in Spanien lebende Einwanderer, die auch den Nachzug von Angehörigen über die „Kernfamilie" hinaus ermöglichte. Im Gegensatz zu vorangegangenen Reformen des Ausländerrechts ist mit dem neuen Gesetz kein Regularisierungsprogramm verbunden. Eine positive Neuerung: Die Einführung eines Drei-Monats-Visums wird zukünftig zur Arbeitssuche in Spanien berechtigen.

Der „Dauerreform" in Spanien entspricht in *Deutschland* das Beharrungsvermögen der Modernisierungsgegner. Auch Anfang 2004 kann mit einem Zuwanderungsgesetz nicht aufgewartet werden. Die Verhandlungen im Vermittlungsausschuss sind dem Vernehmen nach festgefahren. Vor allem die generelle Aufhebung des Anwerbestopps und ein Modernisierungselement im Bereich der Arbeitsmigration wird von den Gegnern des Gesetzes kategorisch abgelehnt: die Zuwanderungssteuerung über ein Punktesystems nach kanadischem Vorbild, das Qualifizierten eine Zuwanderung auch ohne Nachweis eines Arbeitsplatzes ermöglicht. Trotz eines prognostizierten Zuwanderungsbedarfes aus demografischen und ökonomischen Gründen droht das Projekt eines modernen Zuwanderungsgesetzes als Reformruine zu enden.

Eine Zwischenbilanz der Vergemeinschaftung europäischer Einwanderungspolitik fällt, von der Einigkeit bei der Bekämpfung illegaler Einwanderung einmal abgesehen, auch ein Jahr nach Beendigung meiner Masterarbeit ernüchternd aus. Dies kann auch die angesichts der sehr unterschiedlichen rechtlichen Ausgangslagen der Mitgliedstaaten und der Sensibilität des Politikbereiches für die Entwicklung eines gemeinsamen Legislativrahmens sehr kurze Zeitspanne nur begrenzt relativieren.

Susanne Weller
Februar 2004

Literaturnachweis:

Alt, J. und N. Cyrus (2002): Illegale Migration in Deutschland. In: K. J. Bade und R. Münz (Hg.): Migrationsreport 2002 Fakten - Analysen - Perspektiven. Frankfurt / New York, S. 141 - 162

Angenendt, S. (1997a): Perspektiven einer deutschen Migrationspolitik. In: S. Angenendt (Hg.): Migration und Flucht - Aufgaben und Strategien für Deutschland, Europa und die internationale Gemeinschaft. Bonn, S. 275 - 293

Angenendt, S. (1997b): Zur Einführung - Migration und Flucht - Aufgaben und Strategien für Deutschland, Europa und die internationale Gemeinschaft. In: S. Angenendt (Hg.): Migration und Flucht - Aufgaben und Strategien für Deutschland, Europa und die internationale Gemeinschaft. Bonn, S. 9 - 23

Angenendt, S. (2002a): Die Europäische Union als Einwanderungsgebiet. In: W. Weidenfeld (Hg.): Europahandbuch. Bonn, S. 543 - 554

Angenendt, S. (2002b): Einwanderungspolitik und Einwanderungsgesetzgebung in Deutschland 2000-2001. In: K. J. Bade und R. Münz (Hg.): Migrationsreport 2002, Fakten - Analysen - Perspektiven. Frankfurt / Main, New York, S. 31 - 59

Apap, J. (2002): Shaping Europe's Migration Policy, New Regimes for the Employment of Third Country Nationals - A Comparison of Strategies in Germany, Sweden, the Netherlands and the UK. In: European Journal of Migration and Law, Jg. 4, S. 309 - 328

Bade, K. J. (2001): Einwanderungskontinent Europa: Migration und Integration am Ende des 20. Jahrhunderts. In: K. J. Bade (Hg.): Einwanderungskontinent Europa: Migration und Integration am Beginn des 21. Jahrhunderts. Osnabrück, S. 17 - 47

Bade, K. J. und M. Bommes (2000): Migration und politische Kultur im 'Nicht-Einwanderungsland'. In: K. J. Bade und R. Münz (Hg.): Migrationsreport 2000. Bonn, S. 163 - 204

Bade, K. J. und R. Münz (2000): Einführung: Migration und Integration - Herausforderungen für Deutschland. In: K. J. Bade und R. Münz (Hg.): Migrationsreport 2000. Bonn, S. 7 - 22

Bade, K. J. und R. Münz (2002): Einführung: Migration und Migrationspolitik - säkulare Entscheidungen für Deutschland. In: K. J. Bade und R. Münz (Hg.): Migrationsreport 2002 Fakten - Analysen - Perspektiven. Frankfurt / New York, S. 11 - 29

Barros, L., M. Lahlou, C. Escoffier, P. Pumares und P. Ruspini (2002): L'immigration irrégulière subsaharienne à travers et vers le Maroc. Bureau International du Travail - Programme des migrations internationales. Cahiers de Migrations Internationales 54F. Genf

Beauftragte der Bundesregierung für Ausländerfragen (2000): Bericht der Beauftragten der Bundesregierung für Ausländerfragen über die Lage der Ausländer in der Bundesrepublik Deutschland. Berlin und Bonn, Bundesministerium für Arbeit und Sozialordnung.

Beauftragte der Bundesregierung für Ausländerfragen (2002): Bericht der Beauftragten der Bundesregierung für Ausländerfragen über die Lage der Ausländer in der Bundesrepublik Deutschland. Berlin und Bonn, Bundesministerium für Arbeit und Sozialordnung.

Bernecker, W. L. (2001): Ende der Extratour - Spaniens langer Weg nach Europa. In: Zeitschrift für KulturAustausch, Jg. 51, H. 4, S. 38 - 41

Beyert, C. und D. Burrack (1999): Abschottung oder gestalterische Einwanderungspolitik? - Die Immigrations- und Einbürgerungskonzepte der Europäischen Union, Deutsche Welle. www.dwelle.de/monitor/documentation/ einpol.doc (22.04.2002)

Bittner, J. (2002): Deutschland: Wo jeder sich vor jedem fürchtet. In: Die Zeit, H. 46 / 2002. http://www.zeit.de/2002/46/Politik/print_200246_heitmeyer.html (09.11.2002)

Boeles, P. (2001): Directive on Familiy Reunification: Are the Dilemmas Resolved? In: European Journal of Migration and Law, Jg. 3, S. 61 - 71

Bommes, M. (2001): Bundesrepublik Deutschland: Die Normalisierung der Migrationserfahrung. In: K. J. Bade (Hg.): Einwanderungskontinent Europa: Migration und Integration am Beginn des 21. Jahrhunderts. Osnabrück, S. 49-65

Bover, O. und P. Velilla (1999): Migration in Spain: Historical Background and Current Trends. IZA Forschungsinstitut zur Zukunft der Arbeit, Discussion Paper Nr. 88. http://ideas.repec.org/p/iza/izadps/dp88.html#download (18.11.2002)

Brinkmann, G. (1999): Europäische Entwicklungen zum Familiennachzug. Tagungsbeitrag bei: Vertrieben nach Europa - Zur Entwicklung eines europäischen Flüchtlings- und Migrantenrechts. Berlin

Brochmann, G. (1999a): Controlling Immigration in Europe. In: G. Brochmann und T. Hammar (Hg.): Mechanisms of Immigration Control: A Comparative Analysis of European Regulation Policies. Oxford / New York, S. 297 - 334

Brochmann, G. (1999b): The Mechanisms of Control. In: G. Brochmann und T. Hammar (Hg.): Mechanisms of Immigration Control: A Comparative Analysis of European Regulation Policies. Oxford / New York, S. 1 - 27

Bundesgesetzblatt, I. N., S.1946 (2002): Gesetz zur Steuerung und Begrenzung der Zuwanderung und zur Regelung des Aufenthalts und der Integration von

Unionsbürgern und Ausländern (Zuwanderungsgesetz) vom 20. Juni 2002. Bonn S. 1946 ff.

Bundesrat (2002): Beschluss des Bundesrates vom 01.03.2002 betreffend Vorschlag für eine Richtlinie des Rates über die Bedingungen für die Einreise und den Aufenthalt von Drittstaatsangehörigen zur Ausübung einer unselbständigen oder selbständigen Erwerbstätigkeit KOM (2001) 386 endg.; Ratsdok. 11803/ 01. Bonn, Bundesanzeiger, Drucksache 958/01

Bundesverfassungsgericht (2002): Pressemitteilung Nr. 113/2002 vom 18.12.2002 Zuwanderungsgesetz ist nichtig. http://www.bundesverfassungsgericht.de/ bverfg_cgi / pressemitteilungen/frames/bvg113-02 (18.12.2002)

Carrillo, M. (2002): Spanien. In: W. Weidenfeld (Hg.): Europahandbuch. Bonn, S. 288 - 299

Casey, J. (1998): Non-Government Organizations as Policy Actors: The Case of Immigration Policies in Spain. Departament de Ciència Política i Dret Públic. Barcelona, Universitat Autònoma de Barcelona. http://blues.uab.es/mgp/papers/ casey2.html (24.10.2002)

CIA, Central Intelligence Agency (2002): World-Factbook-Germany. http:// www.odci.gov/cia/publications/factbook/germany.htm (13.12.2002)

Ciesinger, R. (2002): „Sie fangen die Debatte am falschen Ende an" - Interview mit Migrationsexperte Niessen über die Abschottung der EU. In: Der Tagesspiegel vom 20.06.02

Dänische Ratspräsidentschaft (2002): Press release: Integration of third country nationals, Justice and Home Affairs Council Meeting in 15 October 2002. http://www.eu2002.dk/news/news_read.asp?iInformationID=23662 (16.10.2002)

Davy, U. (2002): Das neue Zuwanderungsrecht: Vom Ausländergesetz zum Aufenthaltsgesetz. In: ZAR Zeitschrift für Ausländerrecht und Ausländerpolitik, Jg. 22, H. 5 / 6, S. 171 - 179

Der Bundespräsident (2000): Berliner Rede vom 12.05.2002 'Ohne Angst und Träumereien: Gemeinsam in Deutschland leben'. http://www.isoplan.de/aid/ 2002-2/dokumentation.htm (12.05.2002)

Der Tagesspiegel (2002a): Paris und Berlin dringen auf Zuwanderungsregeln. In: Der Tagesspiegel vom 29.05.2002

Der Tagesspiegel (2002b): Zuwanderung - Worüber Rot-Grün und Union streiten. http://www.tagesspiegel.de / (18.12.2002)

Deutsche Presseagentur (2002a): Madrid verschärft Ausländergesetze. In: Der Tagesspiegel vom 06.06.02

Deutsche Presseagentur (2002b): Schily: Kontakte von Studenten zu Extremisten prüfen. In: Der Tagesspiegel vom 16.10.2002

ECOTEC Research & Consulting, L. (2000): Admission of Third Country Nationals for Paid Employment or Self-Employed Activity. Brüssel, Kommission, der Europäischen Gemeinschaften.

Ertel, M. und S. Schreiber (2002): „Vielleicht waren wir zu liberal" Interview mit Dänemarks Ministerpräsident Rasmussen. In: Der Spiegel, Jg. 2002, H. 25 / 17.06.2002, S. 122-123

Europäische Union (2000): Charta der Grundrechte der Europäischen Union. Luxemburg, Amt für Veröffentlichungen der Europäischen Gemeinschaften.

Europäischer Rat (1999): Schlussfolgerungen des Vorsitzes des Europäischen Rates in Tampere, 15. - 16. Oktober 1999. http://www.europa.eu.int/council/off/ conclu/oct99"e.pdf (25.12.1999)

Europäischer Rat (2000): Schlussfolgerungen des Vorsitzes, Europäischer Rat (Lissabon) 23. und 24. März 2000. Pressemitteilung Nr.100/1/00 vom 24.03.2000. http://www.europa.eu.int/council/off/conclu/index.htm (20.07.2001)

Europäischer Rat (2001): Schlussfolgerungen des Vorsitzes des Europäischen Rates (Laeken) vom 14. bis 15. Dezember 2001. Pressemitteilung Nr. 00300/1/01 vom 14.12.2001.http://www.europa.eu.int/council/off/conclu/index.htm (28.08.2002)

Europäischer Rat (2002): Schlussfolgerungen des Vorsitzes des Europäischen Rates (Sevilla) vom 21. und 22. Juni 2002.

Presseerklärung Nr. 200/02 vom 22.06.2002. http://www.europa.eu.int/council/off/ conclu/index.htm (28.08.2002)

Evangelischer Pressedienst (2002): Deutsche wenden sich von liberalen Werten ab. In: Süddeutsche Zeitung vom 08.11.02

Fassmann, H. und R. Münz (2002): Die Osterweiterung der EU und ihre Konsequenzen für die Ost-West-Wanderung. In: K. J. Bade und R. Münz (Hg.): Migrationsreport 2002 Fakten - Analysen - Perspektiven. Frankfurt / New York, S. 61 - 97

Feldgen, D. (1999): Gemeinsame europäische Migrationspolitik - Drittstaatsangehörige. In: K. Barwig, G. Brinkmann, K. Hailbronner, K. Lörcher und C. Schuhmacher (Hg.): Hohenheimer Tage zum Ausländerrecht und 5. Migrationspolitisches Forum. Stuttgart S. 311 - 332

Flottau, R., H.-J. Schlamp, S. Schreiber, E. Wiedemann und B. Zand (2002): „Die Beweise haben Beine". In: Der Spiegel, Jg. 2002, H. 25, S. 116 - 125

Gack, T. und H. Monath (2002): EU billigt deutsches Ausländerrecht. In: Der Tagesspiegel vom 28.05.2002

Gillespie, R. (2001): Spain and the Western Mediterranean. In: ESRC „One Europe or Several?" Programme Working Papers, H. 37 http://www.one-europe.ac.uk/pdf/w37gillespie.pdf (03.09.2002)

González Enríquez, C. (2002): Illegal Immigration in Spain. Tagungsbeitrag bei: Menschen unter uns - Phänomene irregulärer Migration in und nach Europa. Evangelische Akademie zu Berlin

Gortázar, C. (2002): Spain: Two Immigration Acts at the End of the Millenium. In: European Journal of Migration and Law, Jg. 4, S. 1 - 21

Groenendijk, K. (1999): Aktionsplan, Strategiepapier und Task Force Asyl und Migration - Eine neue europäische Migrationspolitik nach Amsterdam? In: K. Barwig, G. Brinkmann, K. Hailbronner, K. Lörcher und C.Schuhmacher (Hg.): Hohenheimer Tage zum Ausländerrecht und 5. Migrationspolitisches Forum. Stuttgart S. 557 - 571

Groenendijk, K. und E. Guild (2001): Converging Criteria: Creating an Area of Security of Residence for Europe's Third Country Nationals. In: European Journal of Migration and Law, Jg. 3, S. 37 - 59

Groenendijk, K., E. Guild und R. Barzilay (2000): The Legal Status of Third Country Nationals who are Long-Term Residents in a Member State of the European Union. Nijmegen, Centre for Migration Law, University of Nijmegen.

Gros, J. (2002): Deutschland. In: W. Weidenfeld (Hg.): Europahandbuch. Bonn, S. 99 - 112

Gusy, C. (1994): Kriterien für eine Einwanderungspolitik der Bundesrepublik und der EG. In: W. Weidenfeld, E. Hönekopp, R. Konle-Seidl, U. Walwei und H. Werner (Hg.): Europäische Integration und Arbeitsmarkt. Nürnberg, S. 223 - 237

Gusy, C. A., Hans (2002): Die Rechts- und Asylpolitik der Europäischen Union. In: W. Weidenfeld (Hg.): Europahandbuch. Bonn, S. 531 - 542

Hägel, P. und C. Deubner (2001): Migrationspolitik der Gemeinschaft. In: ZAR Zeitschrift für Ausländerrecht und Ausländerpolitik, Jg. 21, H. 4, S. 154 - 159

Hailbronner, K. (2002): Migrationspolitik und Rechte der Drittstaatsangehörigen in der Europäischen Union. In: ZAR Zeitschrift für Ausländerrecht und Ausländerpolitik, Jg. 22, H. 3, S. 83 - 89

Hausmann, H. (2001): Deutsche Phantomdiskussion im europäischen Nebel. In: Das Parlament, H. 18-19, 27.4 - 4.5.2001. http://www.Das Parlament, Nr_ 18-

19 2001, 27_April -4_ Mai 2001 - Deutsche Phantomdiskussion im europäischen Nebel.htm (10.09.2002)

Heckmann, F. und V. Tomei (1997): Zur Dialektik von Kooperation und Nicht-Kooperation in der internationalen Migrationspolitik. In: S. Angenendt (Hg.): Migration und Flucht - Aufgaben und Strategien für Deutschland, Europa und die internationale Gemeinschaft. Bonn, S.223 - 229

Hochrangige Taskforce für Qualifikation und Mobilität (2001): Bericht vom 14.12.2001, Kommission der Europäischen Gemeinschaften, Generaldirektion Beschäftigung. http://www.europa.eu.int/comm/employment_social/news/2001/dec/taskforce2001_de.pdf (15.09.2002)

Huntoon, L. (1998): Immigration to Spain: Implications for a Unified European Union Immigration Policy. In: International Migration Review, Jg. 32, H. 2 (summer 1998), S.423-450

Jennen, B., T. Stadlmayer und K. Nink (2000): Berlin blockiert EU-Einwanderungspolitik. In: Financial Times Deutschland vom 01.12.2000

Kessler, M. (2000): Europäische Einwanderungs- und Flüchtlingspolitik: Initiativen des Europäischen Parlaments. In: Friedrich-Ebert-Stiftung (Hg.): Europäische Einwanderungs- und Flüchtlingspolitik. Berlin, S.47 - 60

Kommission der Europäischen Gemeinschaften (1997): Vorschlag für einen Rechtsakt des Rates über die Ausarbeitung des Übereinkommens zur Regelung der Zulassung von Staatsangehörigen dritter Länder in das Hoheitsgebiet der Mitgliedstaaten, KOM (97) 387 endgültig vom 30.09.1997.CNS 97/0227, Amtsblatt C 337 v. 07.11.1997, S. 9.Brüssel

Kommission der Europäischen Gemeinschaften (1999): Vorschlag für eine Richtlinie des Rates betreffend das Recht auf Familienzusammenführung. KOM (1999) 638 endgültig vom 01.12.1999. CNS 99/0258, Brüssel

Kommission der Europäischen Gemeinschaften (2000a): Geänderter Vorschlag für eine Richtlinie des Rates betreffend das Recht auf Familienzusammenführung. KOM (2000) 624 endgültig vom 10.10.2000. CNS 99/0258, Amtsblatt C 062 E vom 27.02.2001, S.99-111.Brüssel

Kommission der Europäischen Gemeinschaften (2000b): Mitteilung der Kommission an den Rat und das Europäische Parlament über eine Migrationspolitik der Gemeinschaft. KOM (2000) 757 endgültig vom 22.11.2000. Brüssel. http://europa.eu.int/eur-lex/de/com/cnc/2000/com2000_0757de01.pdf (06.01.2001)

Kommission der Europäischen Gemeinschaften (2001a): Europäisches Regieren - Ein Weißbuch. KOM (2001) 428 endgültig vom 25.07.2001. Brüssel. http://europa.eu.int/eur-lex/de/com/cnc/2001/com2001_0428de01.pdf (30.08.2002)

Kommission der Europäischen Gemeinschaften (2001b): Neue europäische Arbeitsmärkte - offen und zugänglich für alle, Mitteilung der Kommission an den Rat. KOM (2001) 116 endgültig vom 28.02.2001.Brüssel. http://europa.eu.int/eur-lex/de/com/cnc2001/com2001_0116de.01.pdf (22.09.2002)

Kommission der Europäischen Gemeinschaften (2001c): Offener Koordinierungsmechanismus für die Migrationspolitik der Gemeinschaft, Mitteilung der Kommission an den Rat und das Europäische Parlament. KOM (2001) 387 endgültig vom 11.07.2001.Brüssel http://europa.eu.int/eur-lex/de/com/pdf/2001/com2001_0387de01.pdf (20.10.2001)

Kommission der Europäischen Gemeinschaften (2001d): Vorschlag für eine Richtlinie des Rates betreffend den Status der langfristig aufenthaltsberechtigten Drittstaatsangehörigen. KOM (2001) 127 endgültig vom 13.03.2001. CNS 2001/0074. Amtsblatt C 240 E vom 28.02.2001, S.79-87. Brüssel

Kommission der Europäischen Gemeinschaften (2001e): Vorschlag für eine Richtlinie des Rates betreffend die Voraussetzungen, unter denen Drittstaatsangehörige im Hoheitsgebiet der Mitgliedstaaten während höchstens drei Monaten Reisefreiheit genießen, und die Einführung einer besonderen Reisegenehmigung unter Festlegung der Voraussetzungen, unter denen Drittstaatsangehörige einreisen dürfen, um sich im Hoheitsgebiet der Mitgliedstaaten während höchstens sechs Monaten frei zu bewegen. KOM (2001) 388 endgültig vom 10.07.2001. CNS 2001/0155. Amtsblatt C 270 E vom 25.09.2001, S.244-250. Brüssel

Kommission der Europäischen Gemeinschaften (2001f): Vorschlag für eine Richtlinie des Rates über die Bedingungen für die Einreise und den Aufenthalt von Drittstaatsangehörigen zur Ausübung einer unselbständigen oder selbständigen Tätigkeit. KOM (2001) 386 endgültig vom 11.07.2001.CNS 2001/0154. Amtsblatt C 332 E vom 27.11.2001, S. 248-256. Brüssel

Kommission der Europäischen Gemeinschaften (2001g): Vorschlag für eine Verordnung des Rates zur einheitlichen Gestaltung des Aufenthaltstitels für Drittstaatsangehörige. KOM (2001) 157 endgültig vom 23.03.2001.CNS 2001/0082. Amtsblatt C 180 E vom 26.06.2001, S.310. Brüssel

Kommission der Europäischen Gemeinschaften (2002a): Anzeiger der Fortschritte bei der Schaffung eines „Raumes der Freiheit, der Sicherheit und des Rechts" in der europäischen Union - Halbjährliche Aktualisierung (1. Halbjahr 2002), Mitteilung der Kommission an den Rat und das Europäische Parlament. KOM(2002) 261 endgültig vom 30.05.2002. Brüssel. http://europa.eu.int/eur-lex/de/com/cnc/2002/com2002_0261de01.pdf

Kommission der Europäischen Gemeinschaften (2002b): Geänderter Vorschlag für eine Richtlinie des Rates betreffend das Recht auf Familienzusammenführung.

KOM (2002) 225 endgültig vom 02.05.2002.CNS 1999/0258. Amtsblatt C 203 E vom 27.08.2002, S.136-141. Brüssel

Kommission der Europäischen Gemeinschaften (2002c): Grünbuch über eine Gemeinschaftspolitik zur Rückkehr illegal aufhältiger Personen. KOM (2002) 175 endgültig vom 10.04.2002. Brüssel. http://europa.eu.int/eur-lex/de/com/gpr/ 2002/com2002_0175de01.pdf (21.09.2002)

Kommission der Europäischen Gemeinschaften (2002d): Pressenachricht vom 02.10.2002: Arbeitslosigkeit in Deutschland unverändert bei 8,3%. http:// www.eu-kommission.de/html/presse/pressemeldung.asp?meldung=3499 (16.10.2002)

Kommission der Europäischen Gemeinschaften (2002e): Vorschlag für eine Richtlinie des Rates über die Bedingungen für die Einreise und den Aufenthalt von Drittstaatsangehörigen zur Aufnahme eines Studiums, einer Berufsausbildung oder eines Freiwilligendienstes. KOM (2002) 548 endgültig vom 07.10.2002. CNS 2002/0039. Brüssel. http://eur-lex/de/com/pdf/2002/ com2002_0548de01.pdf (20.10.2002)

Kommission der Europäischen Gemeinschaften (2002f): Vorschlag für eine Verordnung des Rates zur Erweiterung der Bestimmungen der Verordnung (EWG) Nr. 1408/71 auf Staatsangehörige aus Drittländern, die ausschließlich wegen ihrer Nationalität nicht bereits von den Bestimmungen dieser Verordnung abgedeckt sind. KOM (2002) 59 endgültig. CNS 2002/0039. Amtsblatt C 126 E vom 28.05.2002, S.388-389. Brüssel

Läufer, T. H. (1998): Vertrag von Amsterdam, Texte des EU-Vertrages und des EG-Vertrages. Bonn

Märker, A. (2001): Zuwanderungspolitik in der Europäischen Union - Europäisier te Lösungen oder Politik des kleinsten gemeinsamen Nenners? In: Aus Politik und Zeitgeschichte, H. B 8, S. 3 - 10

Migration Policy Group (2002): Policy Monitor. http://www.migpolgroup.com/ monitors/default.asp. (17.08.2002)

Münz, R. und W. Seifert (2000): Wanderungskontinent Europa: Migrations- und Integrationsprozesse. In: J. Dobritz und J. Ott (Hg.): Einwanderungsregion Europa? Wiesbaden, S. 96 - 120

Münz, R., W. Seifert und R. Ulrich (1999): Zuwanderung nach Deutschland - Strukturen, Wirkungen, Perspektiven. Frankfurt / New York

Niessen, J. (2001): Overlapping Interests and Conflicting Agendas: The Knocking into Shape of EU Immigration Policies. European Journal of Migration and Law. Jg. 3, S. 419 - 434.

Niessen, J. (2002): Zwischen Harmonisierung und kleinstem gemeinsamen Nenner: Einwanderungspolitik auf europäischer Ebene. In: K. J. Bade und R. Münz (Hg.): Migrationsreport 2000, Fakten - Analysen - Perspektiven. Frankfurt / Main, New York, S. 207 - 229

Nuscheler, F. (2002): Süd-Nord-Migration: ein 'globaler Marsch'? In: K. J. Bade und R. Münz (Hg.): Migrationsreport 2002. Frankfurt / New York, S. 99 - 118

OECD (Organisation for Economic Co-operation and Development) (2001): Issues and Development in Public Management: Spain - 2000. www1.oecd.org/puma/country/Surveys2000/surv2000es.htm (24.10.2002)

Pajares Alonso, M. (2000): Ponenica: Una pólitica de flujos migratorios. Tagungsbeitrag bei: Il congreso sobre la inmigración en Espana. Madrid. www.pangea.org/spie/cite/opinion/info-pajares.htm#punto1 (06.09.2002)

Pajares, M. (2000): Ley de Extranjería y política de inmigración. In: El País digital vom 16.07.2000. http://www.ub.es/penal/historia/ejido/ley/pajares.htm (06.09.2002)

Papademetriou, D. G. und K. A. Hamilton (1997): Zur Regulierung von Einwanderung in entwickelten Industriegesellschaften. In: S. Angenendt (Hg.): Migration und Flucht - Aufgaben und Strategien für Deutschland, Europa und die internationale Gemeinschaft. Bonn, S. 230 - 238

Peers, S. (2002a): Key Legislative Developments on Migration in the European Union. In: European Journal of Migration and Law, Jg. 4, S. 271 - 290

Peers, S. (2002b): Key Legislative Developments on Migration in the European Union. In: European Journal of Migration and Law, Jg. 4, S. 85 - 105

Rajoy, M. (2002): Speech by the Home Affairs Minister at the European Parliament - Priorities of the Spanish Presidency in Domestic Affairs (04.02.2002). http://www.UE2002.ES (15.10.2002)

Rat der Europäischen Gemeinschaften (1971): Verordnung (EWG) Nr. 1408/71 des Rates vom 14.6.1971 über die Anwendung der Systeme der sozialen Sicherheit auf Arbeitnehmer und Selbständige sowie deren Familienangehörige, die innerhalb der Gemeinschaft zu- und abwandern. Amtsblatt L 149 vom 5.7.1971. Brüssel

Rat der Europäischen Union (Justiz und Inneres) und Kommission d. E. G. (1998): Aktionsplan des Rates und der Kommission zur bestmöglichen Umsetzung der Bestimmungen des Amsterdamer Vertrages über den Aufbau eines Raums der Freiheit, der Sicherheit und des Rechts. Amtsblatt 1999 / C 19/01 vom 23.01.1999. Brüssel

Rat der Europäischen Union (2002): Verordnung 1030/2002 des Rates zur einheitlichen Gestaltung des Aufenthaltstitels für Drittstaatsangehörige. Amtsblatt L 157 vom 15.06.2002. Brüssel

Rat der Europäischen Union (Beschäftigung, Sozialpolitik, Gesundheit und Verbraucherschutz), (2002): Ergebnisprotokoll des 2470. Ratstreffens vom 2.-3. Dezember 2002 in Brüssel. S. 24. http://ue.eu.int/newsroom/ newmain.asp?lang=4 (12.12.2002)

Rat der Europäischen Union (Beschäftigung und Soziales) (2001): Gemeinsamer Bericht über die soziale Eingliederung, Teil II: Die Mitgliedstaaten. Bericht Nr. 15223/01 vom 12.12.2001. Brüssel. http://www.europa.eu.int/comm/ employment_social/soc-prot/soc-incl/joint_rep_de.htm (20.01.2002)

Renner, G. (2001): Zuwanderung und Integration statt Anwerbestopp. In: ZAR Zeitschrift für Ausländerrecht und Ausländerpolitik, Jg.21, H. 4, S. 147 - 154

Renner, G. (2002): Aktuelle und ungelöste Probleme des Asyl- und Flüchtlings rechts. In: K. J. Bade und R. Münz (Hg.): Migrationsreport 2002 Fakten - Analysen - Perspektiven. Frankfurt / New York, S. 179 - 205

Rhein, E. (2002): Die Europäische Union und der Mittelmeerraum. In: W. Weiden feld (Hg.): Europahandbuch. Bonn, S. 700 - 715

Sánchez, J. L., A. Gutiérrez und G. Peces Barba (2000): Democracia y inmigración. In: El País, www.pangea.org/spie/cite/welcome.html (06.09.2002)

Santel, B. (2001): Italien und Spanien: Einwanderung zwischen Abwehr und Normalität. In: K. Bade (Hg.): Einwanderungskontinent Europa: Migration und Integration am Beginn des 21. Jahrhunderts. Osnabrück, S. 105 - 115

Schütte, C. (2000): Studie: Mehr Vorteile als Nachteile durch Zuwanderung. In: Financial Times Deutschland, vom 22.12.2000

Sieveking, K. (2000): Einwanderungs- und Flüchtlingspolitik: neue Perspektiven nach „Amsterdam". In: Friedrich-Ebert-Stiftung (Hg.): Europäische Einwande rungs- und Flüchtlingspolitik. Berlin, S. 21 - 46

Solana, J. (2001): Die „Deutschen des Südens". In: Zeitschrift für KulturAustausch, Jg. 51, H. 4, S. 34 - 37

Sonntag-Wolgast, C. (2000): Europäische Einwanderungs- und Flüchtlingspolitik: zunehmende Bedeutung für die nationale Politik. In: Friedrich-Ebert-Stiftung (Hg.): Europäische Einwanderungs- und Flüchtlingspolitik. Berlin, S. 11 - 19

SOPEMI OECD (2001): Trends in International Migration, Annual Report. Paris, OECD, Organisation for Economic Co-Operation and Development.

Sotelo, I. (2001): Mehr Europa wagen. In: Zeitschrift für KulturAustausch, Jg. 51, H.4, S.41- 44

Spiegel Online (2002): Abstimmungseklat - Karlsruhe kippt das Zuwanderungs gesetz. In: Der Spiegel vom 18.12.2002, http://www.spiegel.de/politik/deutsch land/0,1518,222667,00.html (18.12.2002)

Straubhaar, T. (1994): Ökonomische Bedeutung grenzüberschreitender Arbeitsmigration. In: W. Weidenfeld, E. Hönekopp, R. Konle-Seidl, U. Walwei und H. Werner (Hg.): Europäische Integration und Arbeitsmarkt. Nürnberg, S. 195 - 222

Süddeutsche Zeitung (2002): Zuwanderungsgesetz vor dem Scheitern. In: Süddeutsche Zeitung vom 07.11.2002

sueddeutsche.de (2002): „Wir sind bereit zu Verhandlungen" Interview mit Wolfgang Bosbach, stellvertretender Fraktionsvorsitzender von CDU / CSU im Bundestag. http://www.sueddeutsche.de/deutschland/politik/59342/index.php (18.12.2002)

Süssmuth, R. (2002): Zuwanderung - Paradigmenwechsel? In: Institut für Migrationsforschung und Interkulturelle Studien (IMIS) (Hg.): IMIS-Beiträge. Osnabrück

Thibaut, M. (2002): Grenzen Zeigen - Europa und die Zuwanderung. In: Der Tagesspiegel vom 29.05.2002

Thränhardt, D. (1999): Germany's Immigration Policies and Politics. In: G. Brochmann und T. Hammar (Hg.): Mechanisms of Immigration Control: A Comparative Analysis of European Regulation Policies. Oxford / New York, S. 29 - 57

Tomei, V. (1997): Europäische Migrationspolitik zwischen Kooperationszwang und Souveränitätsansprüchen. In: Europäisches Forum für Migrationsstudien (efms) (Hg.): Forum Migration. Bonn

Torres, J. (2002): Tod im Gefrierlaster. In: Der Tagesspiegel vom 21.08.2002

Unabhängige Kommission „Zuwanderung" (2001): Zuwanderung gestalten - Integration fördern. Bundesministerium des Innern. Berlin

Vitorino, A. (2001): Migratory flows and the European labour market: towards a Community immigration policy. Paper submitted at: Seminar on Community Immigration Policy. London. http://europa.eu.int/rapid/start/cgi/ guesten.ksh?p_action.gettxt=gt&doc=SPEECH/01/334|0|RAPID&lg=EN (25.08.2002)

vom Brocke, M. (2002): Migrations- und Asylpolitik - Aktuelle Entwicklungen auf europäischer Ebene. Brüssel, Bundesarbeitsgemeinschaft der Freien Wohlfahrtspflege, Europavertretung.

von Loeffelholz, H. D. und G. Köpp (1998): Ökonomische Auswirkungen der Zuwanderungen nach Deutschland. Berlin

Wandler, R. (2001): Renaissance der Reconquista. In: Zeitschrift für KulturAustausch, Jg. 51, H. 4, S. 64 - 65

Wasser, D. (1999): Wanderung und Asyl im Rahmen der Europäischen Union.

Tagungsbeitrag bei: Vertrieben nach Europa - Zur Entwicklung eines europäischen Flüchtlings- und Migrantenrechts. Berlin

Wirtschafts- und Sozialausschuss (2002): Stellungnahme zu dem „Geänderten Vorschlag für eine Richtlinie des Rates betreffend das Recht auf Familienzusammenführung". Kommission, der Europäischen Gemeinschaften. Amtsblatt d. Europäischen Gemeinschaften (2002) C 241/108 vom 17.07.2002. Brüssel

Wittelsbürger, H. (2002): Der Europäische Rat von Sevilla - ein weiterer Höhepunkt der spanischen Ratspräsidentschaft. http://www.kas.de/publikationen/ 2002/610_dokument.html (30.06.2002)

Nicht öffentliche Quellen:

Rat der Europäischen Union, Verhandlungsprotokolle der Ratsarbeitsgruppe „Migration und Rückführung" und des „Strategischen Ausschusses für Einwanderungs-, Grenz- und Asylfragen" . Zeitraum Januar 2000 – Ende November 2002